龙岗记忆

深圳东北地区炮楼建筑调查

深圳市龙岗区文体旅游局
深圳市龙岗区文物管理办公室
杨荣昌 著

文物出版社

北京·2011

审　　定：张　耀　鞠晓晨

封面设计：程星涛
版式设计：杨婧飞
责任印制：晓　卉
责任编辑：梁秋卉

图书在版编目（CIP）数据

龙岗记忆：深圳东北地区炮楼建筑调查 / 深圳市龙岗区文体旅
游局，深圳市龙岗区文物管理办公室编著. —北京：文物出版社，
2011.8

　　ISBN 978-7-5010-3233-4

　　Ⅰ.①龙…　Ⅱ.①深…　②深…　Ⅲ.①古建筑—调查研究—
深圳市　Ⅳ.①K928.71

　　中国版本图书馆CIP数据核字（2011）第157902号

龙岗记忆——深圳东北地区炮楼建筑调查

编　　者　深圳市龙岗区文体旅游局
　　　　　深圳市龙岗区文物管理办公室
　　　　　杨荣昌　著
出版发行　文物出版社
地　　址　北京东直门内北小街 2 号楼
邮　　编　100007
网　　址　www.wenwu.com
邮　　箱　web@wenwu.com
经　　销　新华书店
印　　刷　北京燕泰美术制版印刷有限责任公司
版　　次　2011 年 8 月第 1 版
印　　次　2011 年 8 月第 1 次印刷
开　　本　889×1194　1/16
印　　张　15
书　　号　ISBN 978-7-5010-3233-4
定　　价　216.00 元

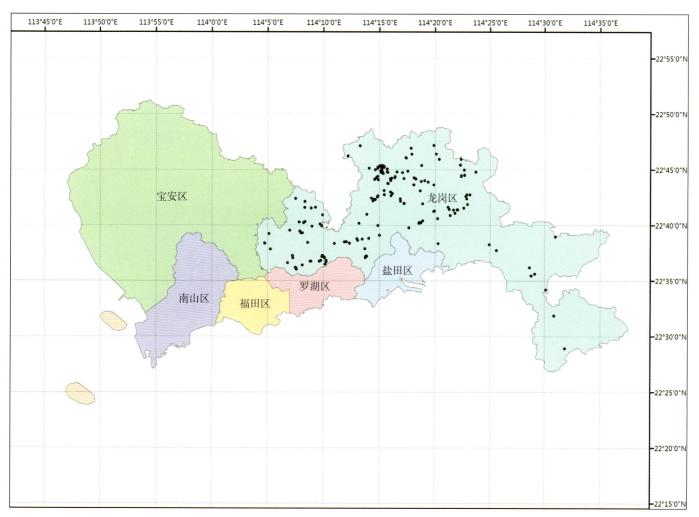

深圳东北地区炮楼建筑分布图

序　言

　　随着我国城市化进程日益加速，城乡建设与文化遗产保护之间的矛盾异常尖锐，文化遗产保护步入到最艰苦、最关键的历史时期。2005 年底国务院发出《国务院关于加强文化遗产保护的通知》，我国第一次在国务院的文件中，用"文化遗产"取代了"文物"一词。从"文物"走向"文化遗产"在内涵上发生了重大变化，文物的保护方式、保护目的、保护对象均发生了变化，不仅宫殿、寺庙、古遗址、古墓葬等传统意义上的文物需要保护，近年来乡土建筑、传统民居已走进人们保护的视野，甚至是工业遗产、科技遗产、农业遗产等各种类型的物质文化遗产以及非物质文化遗产都被纳入保护的范围。文化遗产的保护对象和保护范围已经发生了很大的变化，保护工作的"内涵"和"外延"都有了新的发展。可以说，目前我国文化遗产保护正处于一个转型期，乡土建筑等许多新类型逐渐发展成为文化遗产保护的重要领域，从而实现从文物保护到文化遗产保护的国家战略的转变和提升。

　　另一方面，自 20 世纪中晚期以来，乡土建筑的研究和保护在国际文化遗产保护领域也日趋活跃。1999 年，在墨西哥召开的国际古迹遗址理事会第 12 届大会通过了《乡土建筑遗产宪章》，提出了乡土建筑保护的基本原则和行动指南，成为乡土建筑保护的国际性纲领文件。在全球范围内保持文化多样性的呼声不断高涨的情况下，研究和保护好乡土建筑这一文化多样性的重要物质表现形式，必将成为国际文化遗产保护发展的潮流。

　　2007 年，国家文物局发出《国家文物局关于加强乡土建筑保护的通知》。通知认为"乡土建筑作为我国文化遗产的重要组成部分，不仅是传统杰出建筑工艺的结晶，也是探寻中华文明发展历程不可或缺的宝贵实物资料，蕴藏着极其丰富的历史信息和文化内涵。乡土建筑以其鲜明的地域性、民族性和丰富多彩的形制风格，成为反映和构成文化多样性的重要元素"。要求将乡土建筑作为第三次全国文物普查的重点内容。通过普查准确掌握乡土建筑的资源分布和保护现状，并对其予以登记认定，公布为不可移动文物。及时将普查中发现的具有重要价值的乡土建筑公布为各级文物保护单位，将乡土建筑资源丰富、保存较好的村镇公布为历史文化名村、名镇。同年 4 月中旬，在江苏无锡举办的以"乡土建筑保护"为主题的中国文化遗产保护论坛上，来自海内外的专家学者共同呼吁加强保护力度，倡导全社会关注乡土建筑，重视对乡土建筑和它所体现的地方文化多样性的保护。会议通过了我国首部关于乡土建筑保护的纲领性文件《中国乡土建筑保护——无锡倡议》。

因此，加强乡土建筑保护是我国文化遗产保护转型和适应国际文化遗产保护发展形势的必然要求；加强文化遗产保护，是建设社会主义先进文化，贯彻落实科学发展观和构建社会主义和谐社会的必然要求。

《龙岗记忆——深圳东北地区炮楼建筑调查》是在第三次全国文物普查野外登记资料的基础上，比较全面系统的进行整理和初步研究的成果。长期以来，有关乡土建筑学术调查研究的严重缺席，在一定程度上加快了中国乡土建筑大规模消亡的命运。因此，中国乡土建筑保护的当务之急就是摸清家底，如果没有掌握自己的家底，就谈不上具体保护的细节。这份报告从深圳东北地区乡土建筑的其中一个类型入手进行调查研究，为进一步实施保护工作奠定了良好基础。从7000年前的咸头岭彩陶文化一直到现代化的今天，深圳的历史文化经过几千年的沉淀，已然形成了独具个性的区域文化特征。自清代中期以来，尤其是鸦片战争以后至民国时期，历史的原因及中西方文化的交融，造就了其独特的文化面貌和建筑风格，西方建筑美学的东渐，华侨文化的广为传播功不可没。因此，在这一历史时期最终形成了大量受西方建筑文化因素影响的乡土建筑，炮楼院建筑一度成为晚清民国时期深圳东北地区民居建筑的独特风景线，同流行于本地区的另一类型特色民居大型客家围屋一道共同谱写成就"凝固的音乐史诗"！

由此看来，开展乡土建筑的系统调查及研究对深圳这个年轻的现代化都市尤为重要，其意义毋庸置疑。

是为序。

国家文物局副局长　　顾玉才

目　录

第一章 概况

第一节 区域位置和自然环境

深圳位于广东省中南部，在珠江三角洲的东南。其陆域东临大亚湾、大鹏湾，西靠珠江口伶仃洋，北与东莞市和惠州市接壤，南隔深圳河与香港特别行政区新界相接，东南和西南分别隔大鹏湾和深圳湾与香港相望。其地理形状呈东西长、南北窄的狭长形，陆域东西直线距离 92 公里，南北直线距离 44 公里，总面积 2020 平方公里。深圳市现辖罗湖、福田、南山、盐田、宝安、龙岗六区，光明、坪山两个新区。

本报告所指深圳东北部地区即包括今深圳市龙岗区和坪山新区的广大范围（原龙岗区），也是深圳山海资源最为集中、文化特色最为浓郁的地区。本地区总面积 844.07 平方公里（含坪山新区面积 160 平方公里），包括龙岗区的平湖、布吉、坂田、南湾、横岗、龙岗、龙城、坪地、葵涌、大鹏、南澳 11 个街道及坪山新区坪山、坑梓两个街道，目前共 152 个社区（含坪山、坑梓街道 23 个社区）。据 2007 年末统计数字显示本区域常住人口 193 万人，其中户籍人口 37 万人（实际管理人口超过 460 万）。

深圳属亚热带海洋性季风气候，无论是植被的组成成分和分布，还是群落的各种特征，都表现出较强的热带性，所发育的地带性代表类型为热带季雨林型的常绿季雨林。因地处热带边缘地区，所以植被既呈现出热带性的各种特征，又显现出热带和亚热带之间的过渡性。据不完全统计，植被的常见种类主要组成有 310 多种，分隶于 150 科和 240 多属，属于热带性的占 48%，热带和亚热带占 40%，其他的占 12%。植被的类型，自然植被有季雨林、常绿阔叶林、红树林、竹林、灌木和草丛；人工植被有用材林、经济林、大田作物和旱地作物。

本区域山海资源特别丰富，自然环境优越，地形东北高、西南低，地势属低山丘陵滨海区。海岸线长达 133 公里，沙滩、岛屿、礁石、海蚀崖、洞、桥、柱等海积海蚀地貌发育齐全。区内最高的山峰是位于大鹏半岛的七娘山，海拔 867 米。气候特点属亚热带海洋性季风气候，年平均气温 22.3℃，相对湿度 80%，年平均降雨量 1933 毫米，年平均降雨日 140 天，无霜期为 335 天，常年主导风向为东南风。

深圳市范围内共有大小河流160余条，山脉走向多从东到西，贯穿中部，成为主要河流的发源地和分水岭。其中东北部发源于海岸山脉北麓流入东江或东江的一、二级支流的河流属东江水系，主要有龙岗河和坪山河等；东部发源于海岸山脉南麓流入大鹏湾和大亚湾的河流及众多独流入海的小溪属海湾水系，主要有盐田河、梅沙水、葵涌河、王母水、新墟水和东涌水等。

第二节　历史沿革

《史记·五帝本纪》载：禹"披九山，通九泽，决九河，定九州，各以其职来贡，不失厥宜。方五千里，至于荒服。南抚交阯、北发……"《汉书·地理志》载："臣瓒曰：自交阯至会稽，七八千里，百越杂处，各有种姓。"《苍梧总督军门志》载："两广古百粤地，陶唐氏命羲叔宅南交时已通中国矣。"先秦时期，现深圳市所辖区域应属百越族的活动范围。

《史记·秦始皇本纪》载始皇三十三年（前214年），"发诸尝逋亡人、赘婿、贾人略取陆梁地，为桂林、象郡、南海，以适遣戍"。《旧唐书·地理志》载："秦灭六国，始开越置三郡，曰南海、桂林、象郡，以谪戍守之。"嘉庆《新安志》载："秦始皇略取陆梁地为桂林、象郡、南海"，"邑本番禺地……皆属南海郡。"秦统一岭南后，现深圳市所辖区域西部隶属南海郡的番禺县管辖，东部地区属于南海郡的博罗县管辖。即现在的东北部地区应分属番禺县和博罗县管辖。

汉初，赵佗建立南越国。《史记·南越列传》载："佗即击并桂林、象郡，自立为南越武王。"《博物志》载："南越之国，与楚为邻，五岭已前，至于南海。"

赵佗建立南越国后，现深圳市所辖区域隶属南越国。

公元前207年，秦王朝灭亡。南海尉赵佗兼并桂林、象郡自立南越国。汉武帝元鼎五年（前112年）以卫尉路博德为伏波将军，主爵都尉杨仆为楼船将军"咸会番禺"。元鼎六年（前111年）平定南越国，"遂以其地为儋耳、珠崖、南海、苍梧、郁林、合浦、交阯、九真、日南九郡。"南海郡领"番禺、博罗、中宿、龙川、四会、揭阳"六县。直至公元前111年汉武帝平定南越国，这一时期，深圳东北部地区属于南越国南海郡的番禺县和博罗县管辖。

《晋书·地理志》载："成帝分南海，立东官郡。"《南齐书·州郡志》载：东官郡领县"怀安、宝安、海安、欣乐、海丰、齐昌、陆安、兴宁。"《广州记》载："晋成帝咸和六年（331年），分南海立，领县六。"东官郡下辖宝安等县，本地区归宝安县管辖。

南朝梁武帝天监六年（507年），东官郡改为东莞郡，郡治迁增城，下辖宝安县等。又析南海郡置梁化郡，析博罗县置欣乐县，归梁化郡管辖，深圳东北部地区归东莞郡宝安县和梁化郡欣乐县管辖。

南朝陈祯明三年（589年）改欣乐县为归善县。此名一直沿用到清朝末年。民国后改为惠阳县。

《隋书·地理志》载："南海郡统县十五……南海、曲江、始兴、翁源、增城、宝安、乐昌、四会、化蒙、清远、含洭、政宾、怀集、新会、义宁。"《苍梧总督军门志》载："晋成帝始置宝安县属东官郡,隋初省郡。"隋开皇十年（590年）废东莞郡,宝安县改属广州总管府,大业三年（607年）,复南海郡辖宝安县。

《唐书·地理志》载："武德四年（621年）,讨平萧铣,置广州总管府。管广、东卫、洭、南绥、冈五州,并南康总管。其广州领南海、增城、清远、政宾、宝安五县。"《旧唐书·地理志》载："东莞,隋宝安县。至德二年（757年）九月,改为东莞县。"《广东通志》载:宝安"唐属广州,至德二载改曰东莞,五代因之"。现深圳市所辖区域在唐朝初期属广州宝安县,到唐至德二年后隶属东莞县。宋、元时期基本属于东莞县管辖。

《明史·地理志》载："东莞守御千户所,洪武十四年（1381年）八月置……大鹏守御千户所,亦洪武十四年（1381年）八月置。"嘉庆《新安县志》载东莞守御千户所城"明洪武二十七年（1394年）广州左卫千户崔皓开筑",大鹏守御千户所城"明洪武二十七年（1394年）广州左卫千户张斌开筑。""东莞守御所在县治城中,隶南海卫……大鹏守御所在县治东北,隶南海卫。"

康熙《新安县志》载："正德间,民有叩阍乞分县者,不果。隆庆壬申（1572年）,海道刘稳始为民请命,抚按题允,以万历元年（1573年）剖符设官,赐名新安。"明万历元年（1573年）后,现深圳市所辖区域隶属广州府新安县。

从以上看出,明万历元年（1573年）,析东莞县部分地区设立新安县,县治设原宝安县治。即唐以后,深圳东北部地区大部属东莞县管辖,直至明万历元年后归属于新安县管辖。

明、清时期是深圳东北部地区区划建制日趋明确的时期。分别属于归善县（今惠阳县）和新安县（宝安县）管辖。

根据清康熙十四年（1657年）和乾隆四十八年（1783年）的《归善县志》记载,明清时期实行县、乡、都（社）、图（里）制度。明代归善县有13都42里,县南淡水河流域包括今龙岗地区属上下淮都,有4个图,分别为一、三、四、五图,主要村庄有何村、黄洞、丹竹洋、椽洞、沙澳等,而椽洞靠近今坪地,清后期属龙岗约堡管辖。

清同治九年（1870年）,龙岗有了明确的建制——龙岗约堡。这是龙岗历史沿革中最早的记录。当时归善县的乡村分别属县丞、典史和巡检司管理,其中龙岗约堡属碧甲司巡检（驻淡水）管理。龙岗约堡下辖8个村:荷坳、龙岗、坪山、坪地、椽洞、土湖、亲睦、塘尾。当时经济比较繁荣,已形成了龙岗圩和坪山圩。

归新安县管辖的部分,据清康熙二十七年（1688年）《新安县志》载,明末新安县分3乡7都57图509村,其中归城乡七都辖深圳、布吉、平湖、葵涌、大鹏一带。清嘉庆二十四年（1819年）《新安县志》载,新安县乡村分别属县丞、典史和巡检司管理。其中葵涌、王母峒、大鹏、南澳和龙岐等属县丞管理,且已形成了王母峒圩和葵涌圩,布吉、南岭和平湖等属官富司巡检（驻今福田赤尾村）管理。

综上所述，明清时期，今深圳东北部地区分别属于归善县和新安县管辖。具体来说，今横岗、龙岗、龙城、坪地、坪山、坑梓等街道范围属归善县。布吉、坂田、南湾、平湖、葵涌、大鹏、南澳等街道范围属新安县管辖。

从民系的分布来看，原新安县（宝安县）范围是以广府民系为主，归善县是客家民系为主，不同的民系布局、不同的历史沿革和发展背景，决定了我们现在调查研究的对象——乡土建筑的另类文化特色。

民国初年，惠阳县划分警察区署管理。第二警察区署驻淡水，分管碧甲、龙岗、坪山等三个警察分所。民国二十年（1931年）八月，惠阳开始划分区乡镇管理，全县共14个区、384个乡、32个镇。其中淡水第二区辖淡水一、二、三、四、五、六镇及坪山中乡、坪山东乡、坪山西乡等67个乡。龙岗第八区辖龙岗镇、坪山镇及横岗、西坑、盛平、南约、荷坳等64乡。

民国二十六年（1937年）9月，惠阳县裁撤区公所，实行区署制。原淡水第二区与龙岗第八区合并为惠阳县政府第二区署（驻淡水），下辖22个乡镇，有龙岗镇、坑梓乡、坪山乡、长横乡等等。民国36年（1947年），行政院规定撤销县以下区署，复设区公所，缩并乡镇。惠阳全县设6区54乡镇。其中第二区公所辖12个乡镇，有龙岗镇、坑梓乡、坪山乡、南强乡（后改横岗乡）等。

以上为民国时期惠阳县辖区建制的简单介绍。

宝安县辖区建制情况如下：

民国初年，宝安县沿袭清末建制。今布吉、坂田、南湾、平湖、葵涌、大鹏、南澳一带，归宝安县管辖。民国十三至二十一年（1924～1932年）实行区、镇、乡建制，宝安县划分为7个区、99个乡、3个镇。其中第三区辖布吉乡、沙湾乡等，第六区辖平湖乡等，第七区辖葵涌、大鹏一带。民国二十二年（1933年）宝安县调整为5个区、37个乡、3个镇。其中第三区辖布吉乡等，第四区辖平湖乡等，第五区辖王母乡、鹏一乡、南平乡、葵华乡、沙溪乡和东和乡（今沙头角），即今沙头角至大鹏、南澳一带。民国二十六年（1937年）宝安县裁撤合并为3个区。原一二区并为一区，三四区并为二区，五区改为三区，乡镇维持原状。三区建制一直延续到解放前。

解放后，1949年10月，惠阳县与惠东县合并，恢复惠阳县，正式接管宝安县的第三区。惠阳县有9区、1镇，其中龙岗区（二区）下辖7乡，有龙岗、坪地、坪山、坑梓、南强、约场、新圩乡，而南强（横岗）以前5个乡属今龙岗范围。大鹏区（四区）下辖6个乡，有东平、南平、桂岗、葵沙、鹏一、王母乡，均属今龙岗区。解放初龙岗区（二区）和大鹏区（四区）的绝大部分，今龙岗区的中部和东部，均属惠阳县，只有今布吉（含南湾、坂田）、平湖属宝安县。

1951年11月，惠阳县划分小区小乡，惠阳县的三（龙岗）、四（坪山）和七（王母）区，除个别乡村外，绝大部分均属今龙岗区和坪山新区范围。

1957年12月，惠阳县开始撤区并大乡。其中有龙岗、横岗、坪山、大鹏、葵沙和南平等6个乡属今龙岗区和坪山新区范围。

宝安县解放后的第三区（东平、南平、王母、大鹏、葵沙乡），即今龙岗区的葵涌、大鹏和南澳 3 个街道，正式被惠阳县接管。

1950 年 4 月，布吉乡和平湖乡当时归宝安县第三区管辖。

1952 年 10 月，宝安县撤大乡划小乡，布吉乡属第二区，平湖乡属第三区，沙湾乡属第六区。

1953 年 7 月，宝安县增划一个区，即第八区（驻布吉），由 8 个乡组成。其中有布吉乡、平湖乡和沙湾乡。

1955 年第八区更名为布吉区。

1956 年 10 月经调整后布吉区仍下辖 3 个乡，即布吉乡、沙湾乡和平湖乡。

1958 年 3 月，宝安县撤区并乡，布吉乡下辖布吉、岗坂、沙湾、沙东、沙西村；平湖乡下辖平湖、山下、新埔、白鹅、李木村。沙湾乡被撤销。

1958 年 10 月，宝安县实行人民公社建制，全县跨乡建立 6 个人民公社，下辖 41 个生产管理区。

1958 年 11 月，惠阳县划出坪山、大鹏和龙岗 3 个公社（20 个生产管理区）归宝安县管辖。至此，历史上原属宝安县（新安县）的今葵涌、大鹏、南澳一带被惠阳县接管 8 年后，又回到宝安县。还将历史上一直属于归善县（惠阳县）的今龙岗、横岗、坪地、坑梓、坪山一带划归宝安县。再加上一直属宝安县的布吉、平湖，就奠定了今深圳东北部地区的区划建制的基础。

1963 年 1 月，撤区并社，宝安全县缩编为 17 个公社。

1966 年 5 月，坪山公社并入龙岗公社。

1976 年 12 月，分别从布吉、龙岗分出平湖、坪山两个公社。

1978 年 4 月 ~1979 年 3 月，全县分 21 个公社、2 个镇、207 个生产大队。其中布吉、平湖、横岗、龙岗、坪地、坪山、葵涌和大鹏 8 个公社属今龙岗区和坪山新区范围。

1979 年 3 月，宝安县改为深圳市，历史进入一个新的时期。

1980 年 8 月 26 日，将深圳、沙头角 2 个镇和附城、盐田、南头、蛇口 4 个公社划为深圳经济特区。

1981 年 10 月，恢复宝安县建制，归深圳市管辖，下辖深圳经济特区外的原宝安县地区。全县共划为 16 个公社、1 个蓄牧场。

1983 年 7 月，宝安县撤销了人民公社建制。改人民公社为区，大队为乡，设区公所和乡人民政府。

1984 年 2 月，全县划分为 16 个区、136 个乡、6 个乡级镇。

布吉区 8 个乡、平湖区 7 个乡、横岗区 9 个乡、龙岗区 10 个乡、坪地区 5 个乡、坪山区 16 个乡、葵涌 5 个乡、大鹏区 10 乡 1 镇。

1986 年 10 月宝安县改区乡建制为镇、村建制，成立镇人民政府和村民委员会。南澳镇从大鹏分出，坑梓镇从坪山分出。

1987 年至 1991 年全县 18 个区级镇不变。

20 世纪 90 年代，随着农村城市化的深入发展，1993 年 1 月 1 日，宝安县撤县建立由深圳市直辖的两个区——宝安区、龙岗区。龙岗区辖 10 个镇：平湖、

布吉（包括坂田和南湾）、横岗、龙岗、坪山、坪地、坑梓、葵涌、大鹏、南澳镇。宝安区和龙岗区的建立，标志着深圳市特区以北广大地区的社会发展踏上新台阶。

1994年，深圳市开始筹建大工业区。1997年大工业区正式动工建设，用地范围包括在坪山镇和坑梓镇的部分用地共38平方公里，设大工业区管理委员会实施管理。

2004年，为全面推进农村城市化，深圳撤镇设街道办事处。全区共有平湖、布吉、南湾、坂田、横岗、龙城、龙岗、坪山、坪地、坑梓、葵涌、大鹏、南澳等13个街道办事处。

2009年6月30日，深圳市委市政府为推进以大工业区为中心的东部片区统筹发展，促进全市区域协调发展，全面提升城市化水平，将原深圳市大工业区和原龙岗区坪山街道、坑梓街道，整合为坪山新区，设坪山新区管理委员会，原大工业区管委会撤销。至此，深圳东北部地区分为龙岗区和坪山新区。

自2010年7月1日起，为进一步提高深圳经济特区改革创新和科学发展能力，扎实推进深圳市综合配套改革试验，尽快解决特区内外发展不平衡、特区发展空间局限和"一市两法"等问题，中央决定将深圳经济特区范围扩大到深圳全市，将宝安、龙岗两区纳入深圳经济特区范围。

第三节　以往研究成果

炮楼，在以往的很多研究中，又被称为"碉楼"。调查发现深圳东北部地区的炮楼建筑与已被公布为世界文化遗产的开平碉楼之间，无论是建筑风格、还是建筑材料等方面都有较大程度的区别。鉴于深圳市文物考古鉴定所已推出不可移动文物调查研究报告之一《深圳炮楼调查与研究》，该报告将此类建筑按照本地区民间俗称而命名为炮楼，为避免混淆，本报告故从之。

与碉楼和炮楼建筑相关的研究大致如下：

张国雄：《中国碉楼的起源、分布与类型》，《湖北大学学报》（哲学社会科学版），2003年第4期。

刘亦师：《中国碉楼民居的分布及其特征》，《中国近代建筑研究与保护（4）》，（清华大学出版社），2004年。

这些研究很多都与开平碉楼申报世界文化遗产引发的热潮有关。但上述研究均未涉及珠三角地区炮楼。

研究深圳本地炮楼的有深圳市文物考古鉴定所张一兵博士：《深圳炮楼调查与研究》——深圳市文物考古鉴定所不可移动文物调查研究报告之一。《深圳炮楼调查与研究》中，为炮楼正名，对炮楼做了初步分类、装饰及扩展类型的研究。本书诸多基本概念引用该书。较之《深圳炮楼调查与研究》，本书的基本资料为第三次全国文物普查数据，资料全面而翔实。

此外，一些与炮楼相关的研究如下：

单德启、卢强、梁晓红：《中国传统民居图说·碉楼矗立·优美轮廓》（清华大学出版社），2000 年。

张国雄：《开平碉楼》（广东人民出版社），2005 年。

张复合、杜凡丁、钱毅：《开平碉楼：从迎龙楼到瑞石楼——中国广东开平碉楼再考》，《中国近代建筑研究与保护（4）》（清华大学出版社），2004 年。

深圳市文物管理委员会编：《深圳市文物志·第五章历史建筑·第四节住宅建筑·引言》，文物出版社，2005 年。

张一兵：《以深圳为例看地方传统民居建筑的多样性》，《地域建筑文化论坛论文集》，2005 年。《中国民族建筑研究论文汇编》，2008 年。

张一兵：《迎龙楼与开平碉楼的关系》，《2007 第十五届中国民居学术研讨会》。

周学鹰：《从出土文物探讨汉代楼阁建筑技术》，《考古与文物》2008 年。

石茗馨：《基于文化特征的岭南园林地域类型及其构成要素》，《广东林业科技》，2009 年。

李劲龙、叶青、朱烜祯：《浅析深圳近现代建筑特征》（山西建筑），2008 年。

彭全民：《深圳客家民居建筑特色》（小城镇建设）2001 年第 9 期。

第四节　调查经过

龙岗区（含坪山新区，下同）第三次全国文物普查野外调查登记工作开始于 2008 年 2 月，筹备组建了 1 个地上不可移动文物普查队，普查队由文体局分管领导牵头总负责。在普查队下成立 2 个普查组，分别承担东部片区和西部片区野外普查登记任务。

第一组，由区文管办杨荣昌同志任组长，成员由区文管办、东江纵队纪念馆、龙岗客家民俗博物馆等单位业务人员及外聘专业人员共同组成，负责平湖、布吉、坂田、南湾、横岗、龙城、龙岗七个街道普查工作。第二组，由大鹏古城博物馆馆长翁松龄同志任组长，成员为大鹏古城博物馆工作人员及外聘技术人员，负责坪地、坪山、坑梓、葵涌、大鹏、南澳六个街道的普查工作。

在田野实地调查中，普查组根据国家三普有关规范和标准，对不可移动文物进行认真细致地调查，如实准确填写《第三次全国文物普查不可移动文物登记表》、《第三次全国文物普查消失文物登记表》的各项内容，在现场绘制平面图、测量 GPS 点、拍摄照片、采访村民、了解相关历史及人文地理环境，确保普查数据的完整性、真实性、科学性。

龙岗全区总计共有 13 个街道、152 个社区。田野调查阶段普查队走遍了全部社区，除新建居民小区外，均经过实地考察。发现有文物点的社区有 99 个。在实际工作中，由于大多数文物建筑为大型的客家围屋、老屋村落，现场测量、画平面图需要大量时间，一个社区约用时 2 ～ 3 天，文物点较多的社区要用6 ～ 7 天。夏季酷暑难当，并不断有台风暴雨的侵袭，但是无论天气条件多么恶劣，困难多大，都阻挡不了普查队员的工作热情，至 2009 年 10 月，基本完成了野外登记工作。

本次文物普查所发现的地上历史建筑，年代多为明清时期民居，尤其以清代中晚期以来民居建筑居多，近现代重要史迹及代表性建筑也有所发现。总体看，本区域内地上文物大部分为宅第民居。宅第民居中的大部分又具有浓郁的客家文化风格，少部分民居兼具广府文化建筑风貌，同时又受到潮汕等周边文化建筑风格的影响。在这些不同风格的民居建筑中，发现具有明显的区域特征的炮楼建筑数量较多，龙城街道是目前深圳炮楼分布数量最多的街道，其形制多为天台式；坪山街道的炮楼数量也非常可观，其炮楼多瓦坡式。瓦坡式炮楼建筑大多分布于传统的客家文化区。

第二章 调查及分布

龙岗区（含坪山新区，下同）目前共发现并登记了 222 座炮楼建筑，另发现其过渡类型建筑 4 座。此次统计的炮楼，不包含本地区典型客家围屋的角楼。炮楼年代多为清末至民国时期，仅从其上分布的射击孔来看，大部分具有防御功能，仅有一小部分炮楼上未发现射击孔。

据调查，本地区炮楼建筑有以下四种基本的存在形态或者说共存关系：

一、相对独立的炮楼院，即由炮楼与拖屋组成，大多应该有围墙与之闭合组成院落。有部分目前不见围墙，或因后期环境改变或改建，是否有围墙尚存疑。此种炮楼多是为了保卫小家族或本家庭而建。拖屋有两种情况，一是与炮楼连为一体的房屋；二是与炮楼关系紧密，且规模不大的排屋，外有围墙组成。二者与炮楼组合，统称为炮楼院。炮楼院一般规模较小。在深圳东北部地区的炮楼中，此类共存关系占多数。

二、古村落中的炮楼。这里所说的古村落，不包括典型的客家围屋。大体指一些围村或因势沿山脚、河边等形成的聚落或村落（本地人大多称其为老屋村）。这种老屋村的文化属性比较复杂，有属于传统的本地村落，也有部分属于广府围村，需慎重研究和区分。这种炮楼多是为了保卫一个村庄而建，主要起瞭望作用。

三、客家围屋中的炮楼。与客家围屋的传统角楼不同，多数客家围屋中的炮楼是后期加建或改建，其体量大大高于传统的角楼，对比明显。

四、民国时期新建的客家围屋，为了提高防御能力，将角楼建成了炮楼样式，每个炮楼气势磅礴，射击孔密布，形态各异，大大加强了抵御外来之敌的能力。如璇庆新居、正埔岭围屋等，这一类炮楼我们称之为过渡类型。

第一节 平湖街道

平湖街道目前登记的炮楼有 14 座，其中 6 座为炮楼院，8 座为坐落在古村落中的炮楼。其中天台女儿墙式的 9 座，花墙式 1 座，山墙栏墙混合式 4 座。14 座炮楼中 7 座带铳斗，其中 5 座带 4 个铳斗，2 座带 2 个铳斗。炮楼均开窗，有射击孔，以横长方形者居多。其中 6 座饰锦鲤吐珠排水口。炮楼高为三到五层，顶层多有装饰。

石井头炮楼

位于龙岗区平湖街道平湖社区石井头村，凤凰路东南侧。门朝西偏南25°，通面阔25米，进深10.6米，建筑占地面积约270平方米，民国时期建筑。一炮楼拖一排屋组成。天台雨棚式炮楼位于北面，高五层，平面呈长方形，山墙、栏墙混合式炮楼，四面开窗和哑铃形射击孔。顶部四面设铳斗，南北两面饰摆钟，西面饰花篮，正面第四层处有两个锦鲤吐珠排水口。拖屋五开间，为齐头屋、硬山顶，三合土墙，部分建筑已被改建。建筑整体形制保存情况一般，炮楼结构部分保存现状较好，木雕饰件、窗等大部分保存完好。山墙、栏墙混合式炮楼在龙岗地区较为少见。

石井头炮楼近景

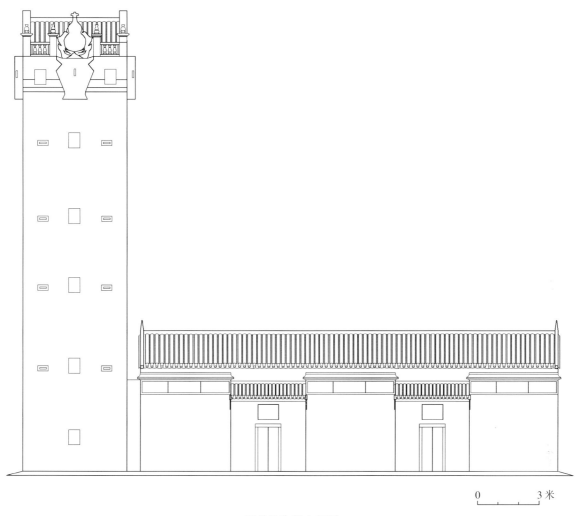

0 _____ 3 米

石井头炮楼立面图

北

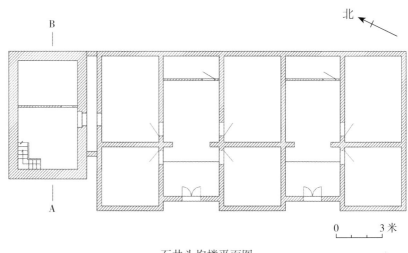

0 _____ 3 米

石井头炮楼平面图

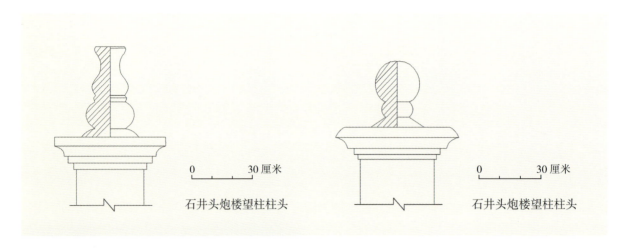

0 ⎯⎯ 30 厘米 石井头炮楼望柱柱头

0 ⎯⎯ 30 厘米 石井头炮楼望柱柱头

石井头炮楼

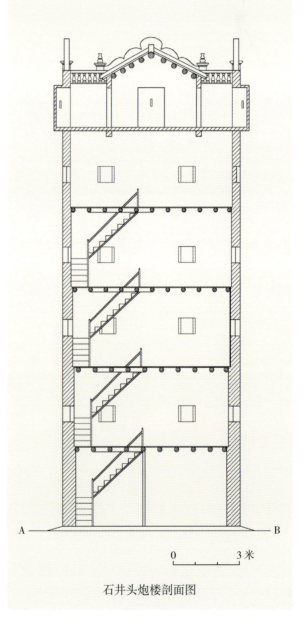

0 ⎯⎯ 3 米

石井头炮楼剖面图

新围仔炮楼院

位于龙岗区平湖街道新木社区，正面朝东北。通面阔 28 米，进深 10.4 米，建筑占地面积约 291.2 平方米，民国时期建筑。一炮楼拖一排屋组成。炮楼位于左侧，高五层，平面呈方形，顶层四面居中设铳斗，悬鱼包角装饰。炮楼从底往上每层缩进约 20 厘米，为天台女儿墙外收分式。拖屋为六开间单间一进，脊饰博古，均用三合土夯筑而成，硬山顶，覆小青瓦。整体保存一般。一层比一层缩进的外墙体收分式炮楼在龙岗地区较为少见。

新围仔炮楼院全景

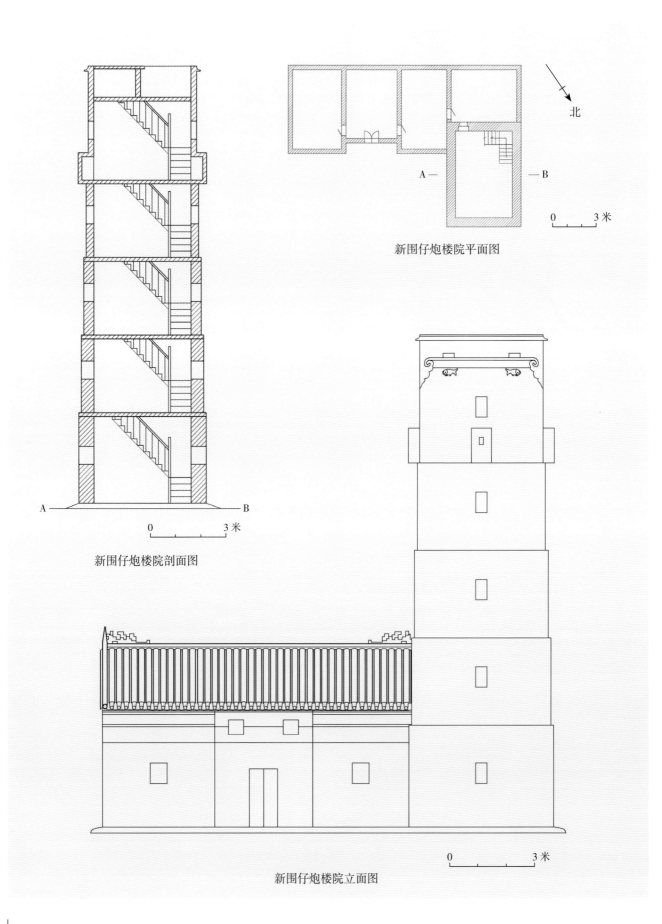

新围仔炮楼院平面图

新围仔炮楼院剖面图

新围仔炮楼院立面图

木古炮楼院

位于龙岗区平湖街道新木社区木古老村，正面朝东偏北30°，通面阔27米，进深16.6米，建筑占地面积约550平方米，民国时期建筑。一炮楼拖一排屋组成。炮楼位于左侧，高五层，平面呈长方形，天台女儿墙方筒式，顶饰蓝带，悬鱼包角，顶层四面居中设铳斗。炮楼东北和西南面有鱼形排水口，四面开有小窗和横条形射击孔。拖屋五开间，硬山顶三间两廊结构，高两层。廊屋开射击孔，顶饰蓝带，檐口有壁画和精美木雕。建筑整体保存尚可。现存的建筑基本保留原有建筑风格，壁画和木雕精美但遭到破坏。

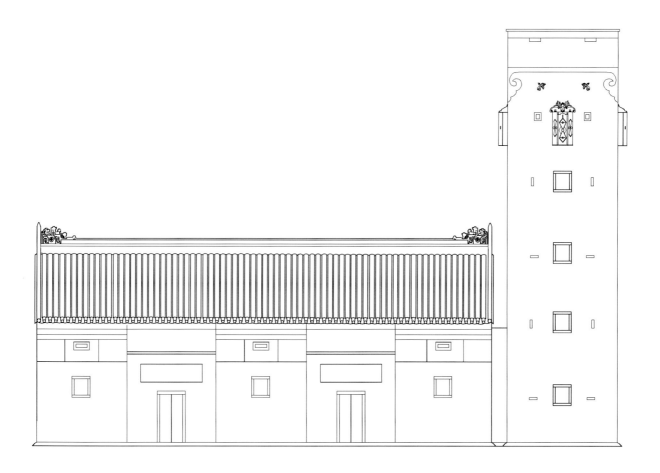

0 ———— 3米

木古炮楼院立面图

木古炮楼院

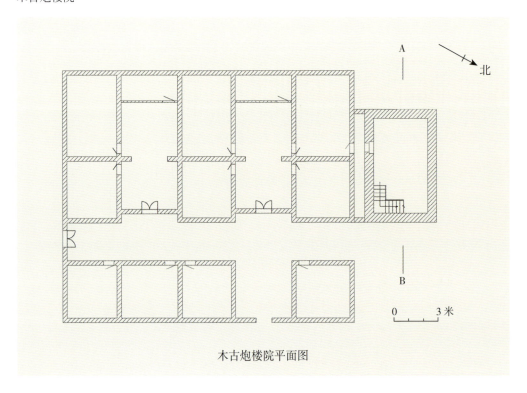

木古炮楼院平面图

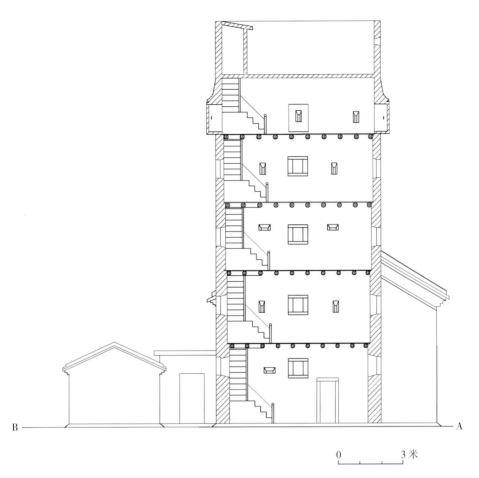

木古炮楼院剖面图

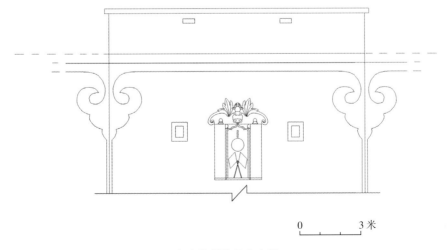

木古炮楼院悬鱼大样

木古炮楼近景

铳斗

铳斗

铳斗

山厦炮楼

位于龙岗区平湖街道山厦社区，正面朝北偏西20°，通面阔7米，进深11.7米，建筑占地面积约84平方米，民国时期建筑。一炮楼拖一屋组成。炮楼高三层，天台栏墙、山墙混合方筒式，山墙饰红色，四面开窗，顶层四面有鱼形排水口。拖屋一开间两进，硬山顶，均用三合土夯筑而成。基本保持原有风貌，结构保留了当地传统做法。炮楼被粉刷过，重修时按原貌复原。拖屋木雕保存较好，但屋脊损坏严重；梁架经过改动，损毁也较严重；墙体和部分构件有损。

山厦炮楼

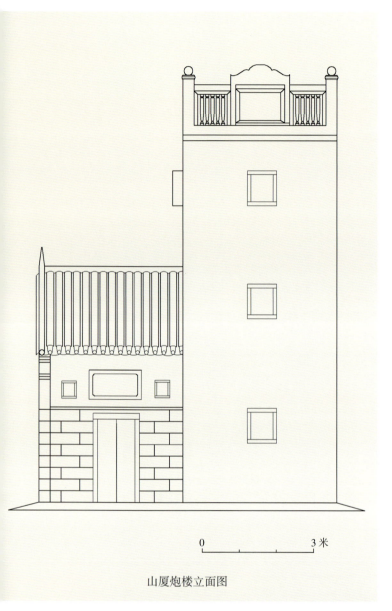

0 ————— 3 米

山厦炮楼立面图

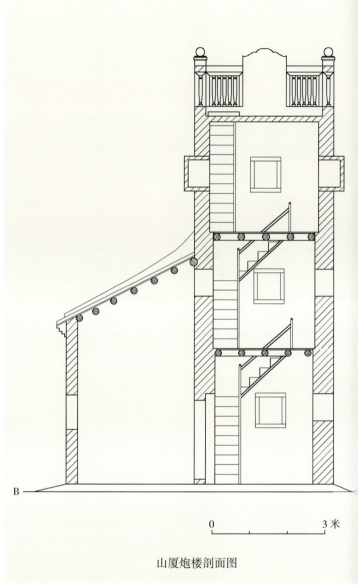

0 ————— 3 米

山厦炮楼剖面图

顶部栏墙山墙

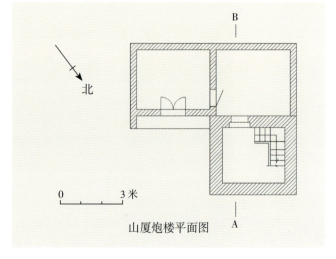

0 ————— 3 米

北

山厦炮楼平面图

前进炮楼院

位于龙岗区平湖街道新南社区前进村，坐西北朝东南，建筑占地面积约577.5平方米，民国时期建筑。一炮楼拖两排屋组成。炮楼位于东北角，高四层，天台女儿墙花墙式，悬鱼包角顶带雨棚，平面呈方形，四面开小窗。炮楼正面顶部有两鱼形排水口，第四层设四个铳斗。拖屋为硬山顶单间结构，前排八开间，后排七开间，均用三合土夯筑而成。整体保存一般。现存两排屋和炮楼，整体布局受到破坏，部分屋脊、墙体受损严重。

前进炮楼院

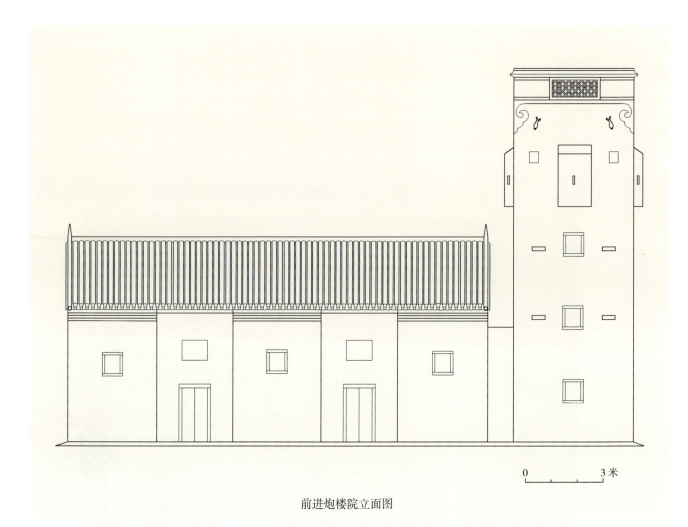

0 —— 3米

前进炮楼院立面图

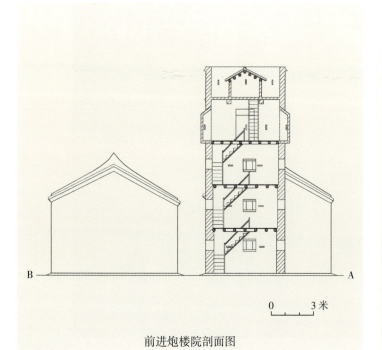

0 —— 3米

前进炮楼院剖面图

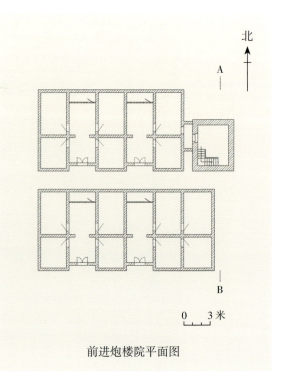

北

0 —— 3米

前进炮楼院平面图

鹅公岭大围炮楼

位于龙岗区平湖街道鹅公岭社区，坐北朝南，建筑占地面积约25000平方米，清代至民国时期建筑。由排屋、炮楼组成。房屋依山而建，成弯刀形分布，中间较为整齐。四条南北巷道分隔依次排列成五排房屋，现存44间，从前至后步步高起。以广府式排屋为主，青砖砌墙，东南面和东北面房屋较为混乱，巷道之间距离较窄。村内有两座炮楼，分别位于西南角和西北角。西南角炮楼高三层，天台栏墙方筒式，平面呈方形，四面开窗；西北角炮楼高四层，四面开窗，天台女儿墙方筒式，南面顶层有两个鱼形排水口。整体结构布局尚存。建筑整体形制保存情况一般，墙体基本保存。部分窗有改造，大部分砖构件损毁，重修时按原貌复原。村内部分房屋已废弃及倒塌，两座炮楼墙体腐蚀较严重，其中西北角炮楼顶被盖起铁皮。

鹅公岭大围炮楼全景

鹅公岭大围西南角炮楼

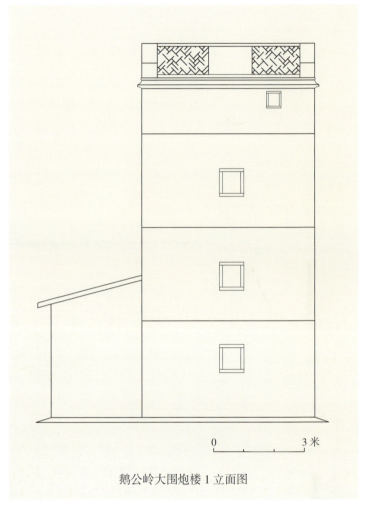

鹅公岭大围炮楼 1 立面图

鹅公岭大围西北角炮楼

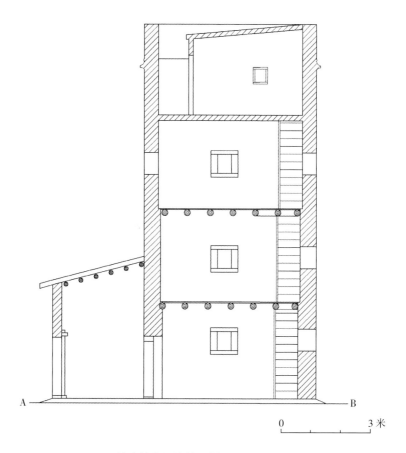

鹅公岭大围炮楼 1 剖面图

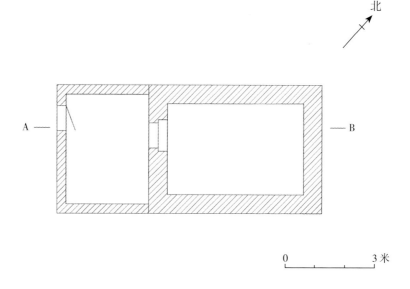

鹅公岭大围炮楼 1 平面图

鹅公岭大围炮楼 2 立面图

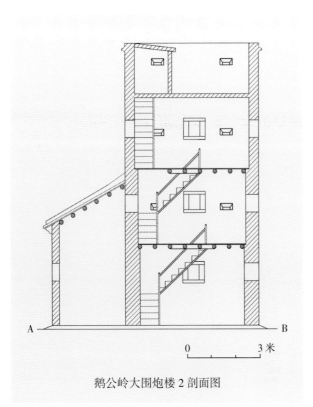

鹅公岭大围炮楼 2 剖面图

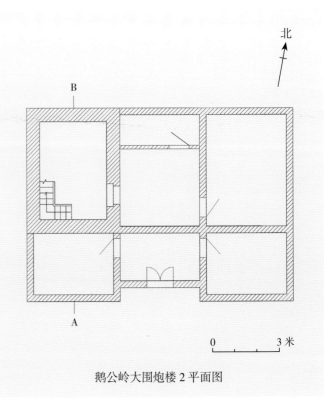

鹅公岭大围炮楼 2 平面图

第二节　布吉街道

布吉街道共发现炮楼 17 座。一座为单独炮楼，7 座与排屋相连，9 座包含在古村落中。17 座炮楼中有 1 座为素瓦坡式，13 座天台女儿墙式，2 座天台山墙式，1 座天台栏墙式。炮楼中 8 座有铳斗，多有精美装饰。出现了较高的六层炮楼 2 座。

善集楼

位于龙岗区布吉街道布吉社区李屋村西区 13 号，正面朝南偏东 30°。通面阔 21 米，进深 10.5 米，建筑占地面积约 220.5 平方米，民国时期建筑。一炮楼拖一排屋组成。炮楼高五层，平面呈方形，天台山墙方筒式，顶带雨棚，四面开有小窗。炮楼第四、五层正面开横条形射击孔，顶层东西两对角设铳斗，山墙正面书"善集楼"。拖屋四开间，单间两进，用三合土夯筑而成。基本保存原貌，梁架和基础较好，局部瓦件脱落。整体保存一般。

"善集楼"炮楼院

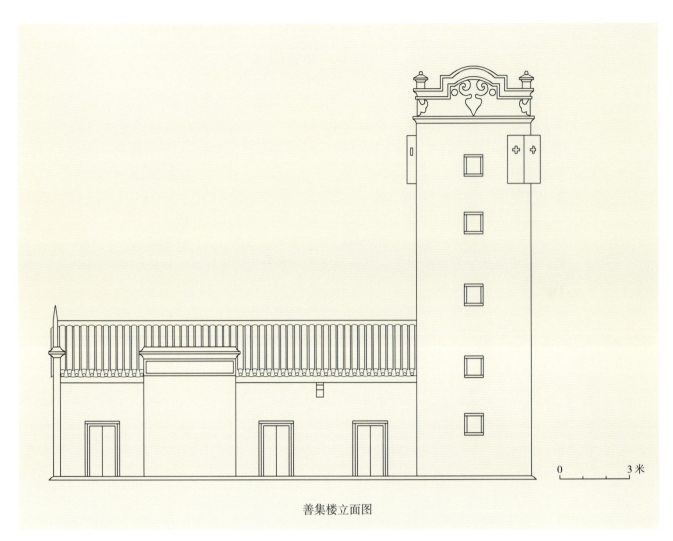

善集楼立面图

0   3米

"善集楼"顶部天台山墙

"善集楼"炮楼

善集楼剖面图

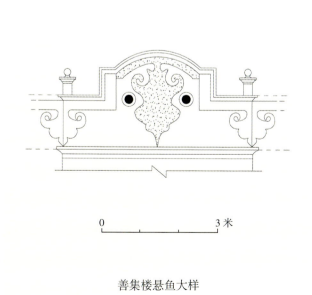

善集楼悬鱼大样

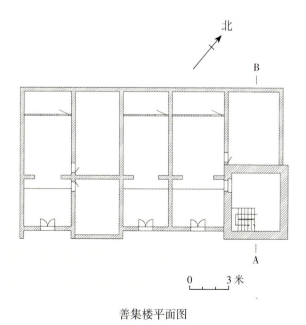

善集楼平面图

天兴楼

位于龙岗区布吉街道布吉社区何屋村，正面朝南偏东30°，通面阔32米，进深11.5米，建筑占地面积约384平方米，民国时期建筑。土木结构。由炮楼拖屋组成。炮楼位于拖屋中间，高五层，平面呈方形，天台女儿墙方筒式，顶饰蓝带红边，顶层四面设铳斗，正面顶部书"天兴楼"，四面开有小窗。左侧房屋面阔三间，斗廊齐头三间两廊结构；右侧房屋为四开间，脊饰博古，檐口有精美木雕。有一外门楼，整体结构尚存。基本保持原有风貌，结构保留了当地传统做法。木雕饰件、窗等大部分保存相当完好。

"天兴楼"炮楼全景

"天兴楼"檐板木雕

大芬炮楼院

位于龙岗区布吉街道大芬社区大芬村，正面朝东南，通面阔 17 米，进深 8 米，建筑占地面积约 144 平方米，建成年代不晚于 1919 年。土木结构。一炮楼拖一屋组成。炮楼高四层，天台女儿墙方筒式，平面呈方形，四面每层开竖条形枪眼，顶层四面居中设铳斗。拖屋为三开间，硬山顶三间两廊结构，开一门，额书"兰桂胜芳"，檐口有壁画。主体结构基本保存原貌，梁架和基础较好，局部瓦件脱落，内屋壁画仍清晰可见，墙体腐蚀较严重。整体结构布局尚存。

大芬炮楼院

壁画

大芬炮楼院立面图

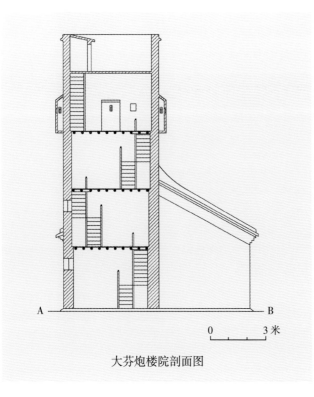

大芬炮楼院剖面图

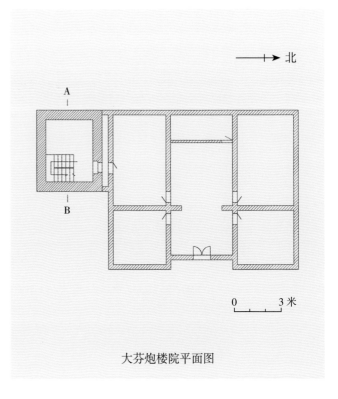

大芬炮楼院平面图

祥瑞楼

位于龙岗区布吉街道水径社区石龙坑村，坐西南朝东北，建筑占地面积约212.5平方米，民国时期建筑。一炮楼拖两排屋组成。炮楼底平面略呈长方形，长4.9米，宽4.1米。高四层，土木结构。在每层的左右开窗，第四层四面设长方形射击孔。顶部带雨棚、前后为女儿墙，左右向上凸出成镬耳山墙。顶部外墙四周涂了一宽大的红色带，上下留黑色边框，在顶部四角及四面中间饰有倒山花图案，正面顶部书"祥瑞楼"三字。炮楼右侧拖两排排屋，为斗廊齐头三间两廊结构。整体布局尚存。炮楼保存较为完整，顶部图案仍清晰可见。拖屋局部构件风化，部分墙体倒塌，人为破坏较严重。

"祥瑞楼"炮楼

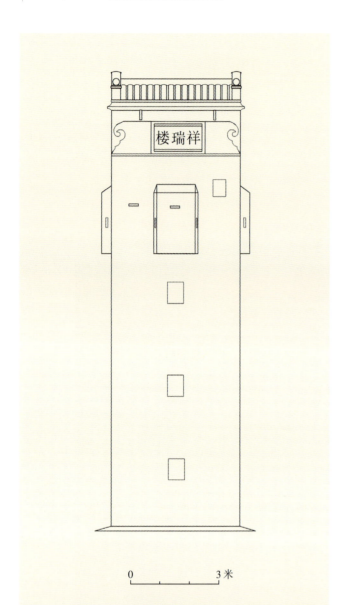

0   3米

祥瑞楼立面图

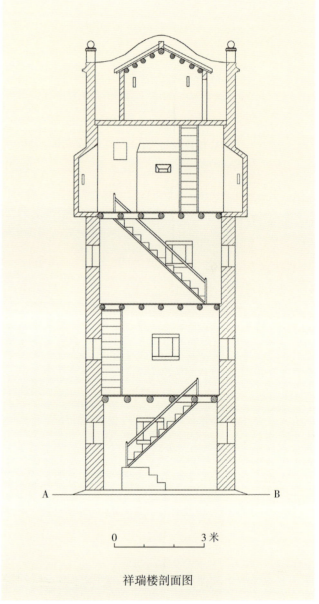

0   3米

祥瑞楼剖面图

"祥瑞楼"天台山墙

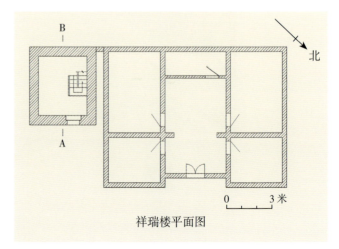

0   3米

祥瑞楼平面图

布吉老圩村炮楼

位于龙岗区布吉街道布吉墟社区老圩村，正面朝南偏西 10°，建筑占地面积约 21600 平方米，清代晚期建筑。土木结构。由炮楼和排屋组成。炮楼共六座，分别位于东北角和东南角。东北角的三座炮楼分别高五层和六层，五层炮楼为天台栏墙方筒式；六层炮楼为天台女儿墙方筒式，顶层东西对角设铳斗，四面开窗。东南角炮楼高三层，天台女儿墙方筒式。排屋由南至北依次排列，结构以硬山顶三间两廊和硬山顶单间为主，均高两层，整体保存一般。

布吉老圩村炮楼全景

壁画

布吉老圩村炮楼之一

布吉老圩村炮楼之二

布吉老圩村炮楼之三

第三节 坂田街道

坂田街道发现炮楼5座。2座为炮楼院，2座包含在古村落中。除一座房顶已拆，看不出形制外，余均为天台式。其中2座天台女儿墙式，2座天台山墙式，均有铳斗。炮楼均开窗及射击孔，且多有装饰。

就昌楼

位于龙岗区坂田街道坂田村内，正面朝南偏东30°，通面阔17.7米，进深11米，建筑占地面积约180平方米，民国时期建筑。由炮楼拖一排屋组成。土木结构。炮楼位于左侧，高五层，平面呈长方形，天台女儿墙方筒式，顶饰红带，正面书"就昌楼"，顶层四面居中设铳斗，第三层以上有横条形射击孔。拖屋为西洋式风格建筑，高两层，比炮楼向外凸出2.5米，整体结构尚存。房屋因有大部分被改造，总体保存较差。但建筑风格较为独特，木雕饰件、窗等，大部分保存完好。拖屋的房顶已塌。

"就昌楼"

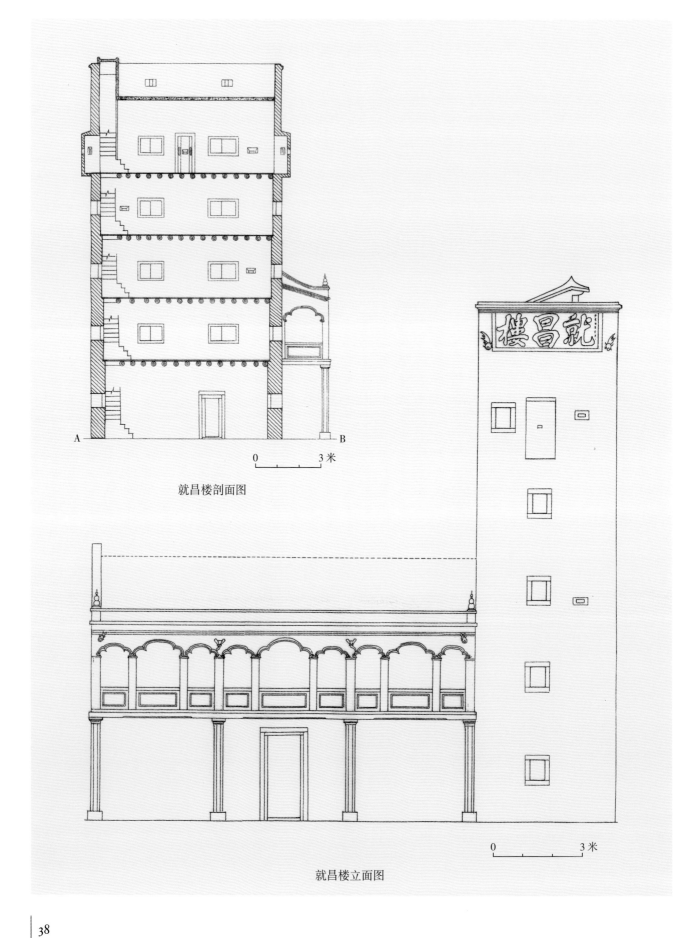

就昌楼剖面图

就昌楼立面图

杨美炮楼院

位于龙岗区坂田街道杨美社区，正面朝南偏西 45°，通面阔 21 米，进深 9 米，建筑占地面积约 189 平方米，民国时期建筑。土木结构。一炮楼拖一排屋组成。炮楼高五层，平面呈方形，天台山墙方筒、带雨棚式，顶饰红带，山墙处成波浪形，顶层四面居中设铳斗，开射击孔，四面开小窗。拖屋四开间，硬山顶，三间两廊结构，高两层，整体保存尚可。现存房屋和炮楼，整体布局受到破坏。现存的建筑基本能保留原有建筑风格，木雕灰塑保存完好，但屋脊、墙体损坏严重。

杨美炮楼

杨美炮楼顶部雨棚

杨美炮楼铳斗

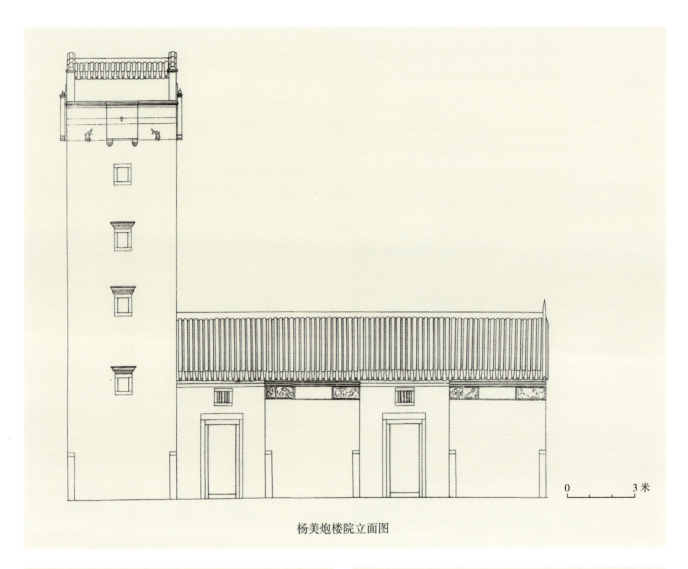

杨美炮楼院立面图

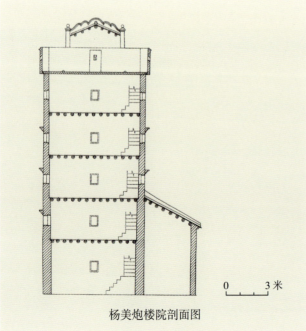

杨美炮楼院剖面图

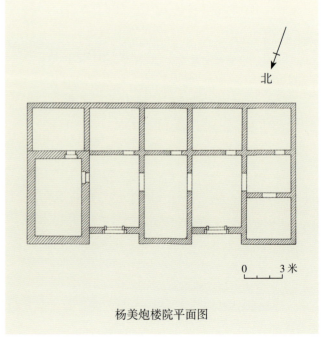

杨美炮楼院平面图

北

象角塘老屋村炮楼

位于龙岗区坂田街道雪象社区象角塘村，正面朝西偏北25°，通面阔85米，进深45米，建筑占地面积约3825平方米，清末至民国时期建筑。土木结构。由炮楼、排屋组成。一条东西主巷道左右各建四排房屋，第一排房屋为硬山顶单间结构；二排为斗廊齐头三间两廊结构。炮楼有两座，其一位于第一排房屋左侧，高四层，平面呈方形，天台山墙方筒式，带雨棚顶饰红带，顶部四面居中设铳斗；其二位于后排房屋左侧，高四层，平面呈方形，天台女儿墙方筒式，四面开窗。整体保存一般。

象角塘老屋村炮楼全景

象角塘老屋村炮楼1顶部

象角塘老屋村炮楼1

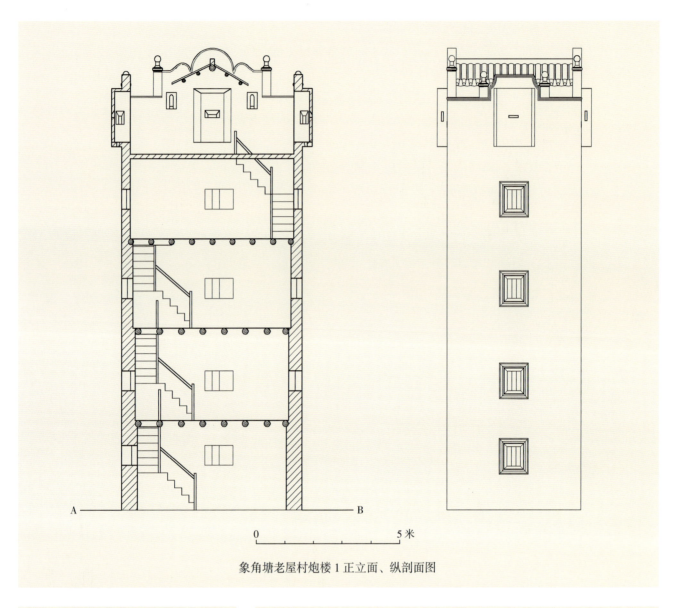

象角塘老屋村炮楼 1 正立面、纵剖面图

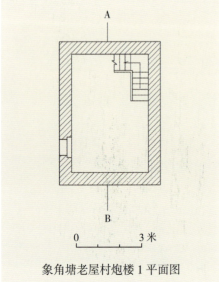

象角塘老屋村炮楼 1 平面图

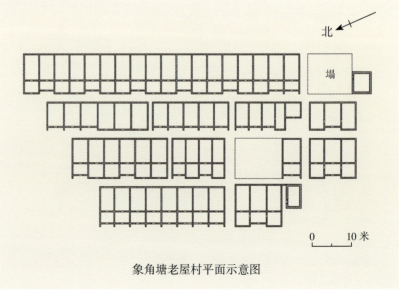

象角塘老屋村平面示意图

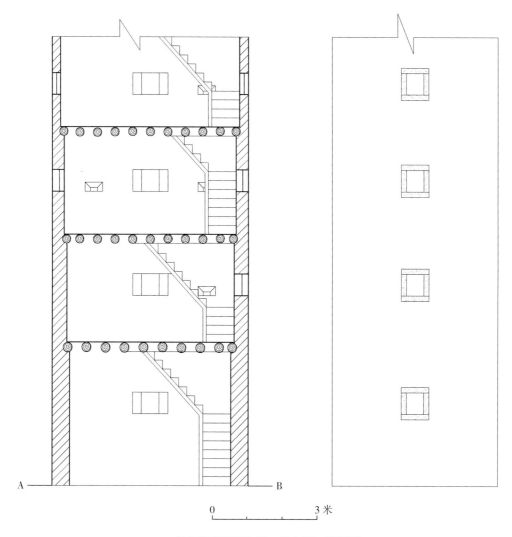

象角塘老屋村炮楼 2 正立面、横剖图

0 —————— 3 米

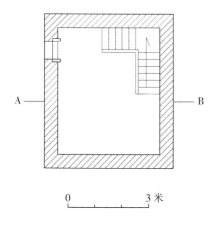

象角塘老屋村炮楼 2 平面图

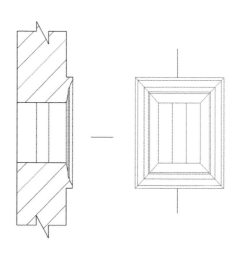

象角塘老屋村炮楼窗大样图

第四节 南湾街道

南湾街道现存炮楼20座。其中不乏装饰精美者。其中有2座为单独炮楼，均为书楼，9座为炮楼院，8座包含在古村落中，1座包含在客家围中。20座炮楼中仅有一座为素瓦坡式，一座瓦坡顶加建女儿墙，一座因损毁看不出形制，余均为天台式。天台式中13座天台女儿墙式，4座天台山墙式。南湾街道带铳斗的炮楼数量较多，15座炮楼带有铳斗。天台式炮楼均开窗及射击孔。7座炮楼开锦鲤吐珠排水口，13座炮楼有各式装饰。

南湾街道靠近龙岗西部，仅发现一座瓦坡顶炮楼。

南岭炮楼

位于龙岗区南湾街道南岭社区，正门朝东偏南25°，通面阔21米，进深10米，建筑占地面积约210平方米。民国时期建筑。土木结构。一炮楼拖一排屋组成。炮楼位于北侧，高四层，平面呈方形，天台山墙方筒式，顶层四面居中设铳斗，饰摆钟花鸟、蝙蝠等图案，四面开瞭望窗。顶层摆钟、各级窗罩受西洋因素影响。拖屋四开间，高两层，顶部山墙，灰塑精美，分别书"权宜筱住"、"乔尚云屏"，檐口有壁画。总体结构基本保持原貌。

南岭炮楼及拖屋

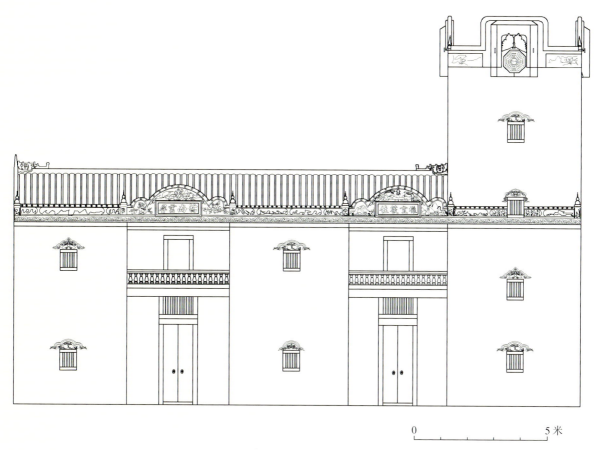

0　　　　　　　　5 米

南岭炮楼正立面图

南岭炮楼顶部山墙

南岭炮楼

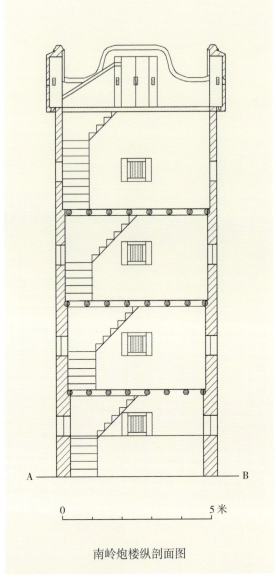

南岭炮楼纵剖面图

灰塑

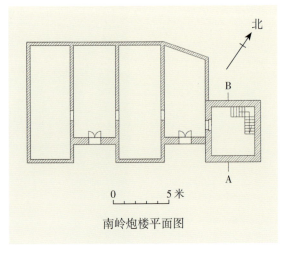

南岭炮楼平面图

南岭炮楼院

　　位于南湾街道南岭社区，正门朝东偏北20°，建筑占地面积约1700平方米，民国时期建筑。土木石结构。两座炮楼拖一排屋组成。炮楼一位于东南侧，高五层，平面呈方形，天台女儿墙方筒式，四面开有瞭望窗，顶层东西两对角设铳斗，开竖条形射击孔。另一炮楼位于西北角，高三层，平面呈方形，素瓦坡式顶，开有小窗。拖屋五开间，硬山顶，三间两廊结构，高两层，檐口壁画诗词、花鸟。总体形制和结构保存较好，屋顶、梁架、墙体、基础均较牢固和完好。

南岭炮楼院

南岭炮楼院炮楼之一

南岭炮楼院炮楼之二

题记

俊千学校

位于龙岗区南岭街道南岭社区，坐东南朝西北，通面阔 5 米，进深 7 米，建筑占地面积约 35 平方米，建于 1927 年。高四层，平面呈方形，土木结构。天台女儿墙方筒式炮楼，顶层东面设铳斗，西北面和东北面顶部书"俊千学校"，四面开有瞭望窗，整体保存一般。现仅存一炮楼，整体布局受到破坏。现存的建筑基本能保留原有建筑风格，但墙体腐蚀较为严重。

俊千学校炮楼

铳斗

樟树布炮楼

位于龙岗区南湾街道樟树布社区，正门朝北偏东25°，通面阔13米，进深7米，建筑占地面积约91平方米，民国时期建筑。土木石结构，三合土筑墙。一炮楼拖一排屋组成。炮楼高五层，平面呈方形，瓦坡顶加建女儿墙，四面开有瞭望窗和横条形射击孔。炮楼第四层处东南角和西北角对角设铳斗。房屋两开间，硬山顶，三间两廊结构，其一廊屋改建成炮楼。现仅存一间房屋和炮楼，整体布局受到破坏。

樟树布炮楼

樟树布炮楼拖屋

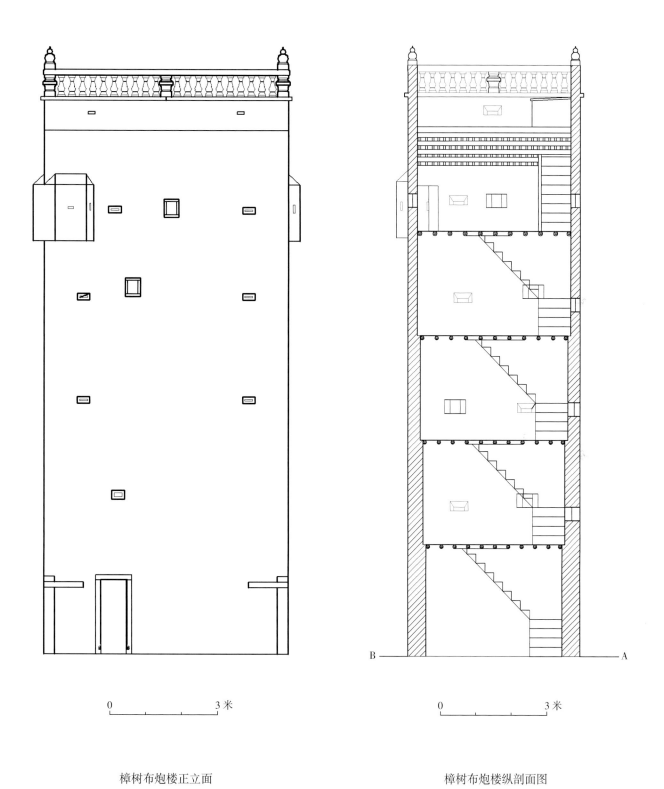

0 _____ 3 米

0 _____ 3 米

樟树布炮楼正立面　　　　　　　　　　樟树布炮楼纵剖面图

铳斗

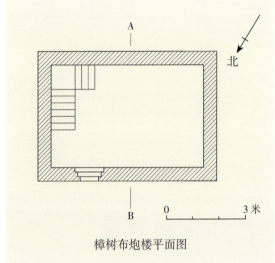

樟树布炮楼平面图

炮楼瓦坡顶结构

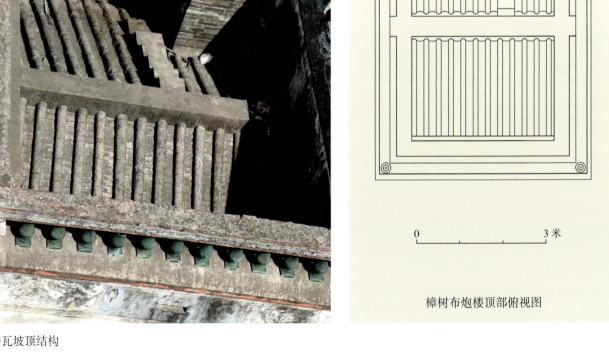

樟树布炮楼顶部俯视图

厦园炮楼

位于龙岗区南湾街道厦村社区，坐东朝西，通面阔 20 米，进深 11 米，占地面积约 220 平方米，民国时期建筑。土木石结构。一炮楼拖一排屋组成。炮楼位于北侧，高四层，平面呈长方形，天台山墙方筒式炮楼，顶层四面居中设铳斗，四面开窗，第三层处开横条形射击孔。拖屋四开间，斗廊齐头三间两廊结构，正面顶部有山墙，脊饰博古。整体结构布局尚存。现存的建筑基本能保留原有建筑风格，木雕保存完好，但山墙灰塑已遭破坏，屋脊、墙体损坏严重。

厦园炮楼

桂花学校

　　位于龙岗区南湾街道厦村社区，整座建筑西偏南 25°，通面阔 10.5 米，进深 7 米，建筑占地面积约 73.5 平方米，民国时期建筑。土木石结构。一炮楼拖一屋组成。炮楼高四层，平面呈方形，天台女儿墙方筒式炮楼，顶部饰蓝白相间带。第三层西北、东南面两对角设铳斗，四面开瞭望窗。每层开长方横形射击孔。拖屋仅剩一门楼，门额书"桂花学校"四字。整体保存一般。整体布局受到破坏，只剩一门楼、炮楼和零散的房屋。有部分房屋只剩残墙。

桂花学校炮楼　　　　　　　　　　　　　　　　　　　　　　炮楼铳斗

吉厦老屋村炮楼

位于龙岗区南湾街道吉厦社区，整座建筑南偏东20°，建筑占地面积约18400平方米，清末时期建筑。由数排房屋组成。前排房屋中间开一拱门，书"吉厦"二字。村内房屋由三条南北主巷道分隔成四部分，依次排列成五排，以斗廊齐头屋为主。均用三合土筑墙，顶覆小青瓦。整体保存较差。两座炮楼，一座高三层，疑为天台女儿墙上加建山墙，一座高四层，天台女儿墙方筒式，均有铳斗。除门楼周边房屋倒塌改建，其余房屋保存完整，结构较为稳定。

吉厦老屋村炮楼（含育德书楼）

吉厦老屋村炮楼之二

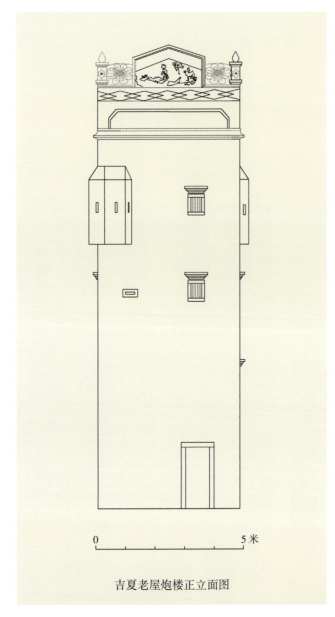

吉夏老屋炮楼正立面图

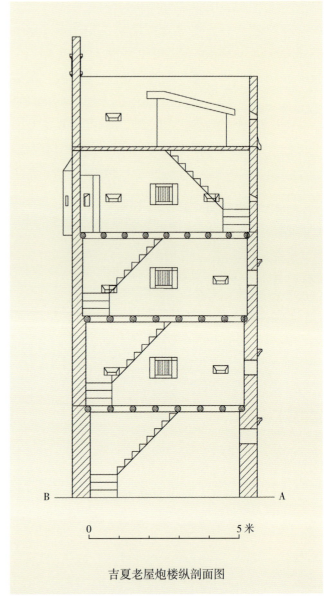

吉夏老屋炮楼纵剖面图

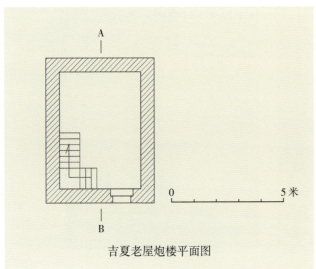

吉夏老屋炮楼平面图

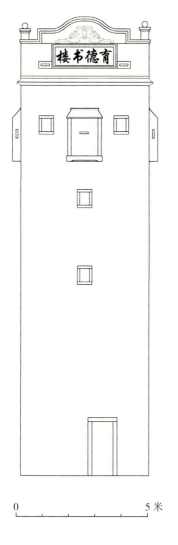

0　　　　　　　5米

吉夏老屋育德书楼正立面图

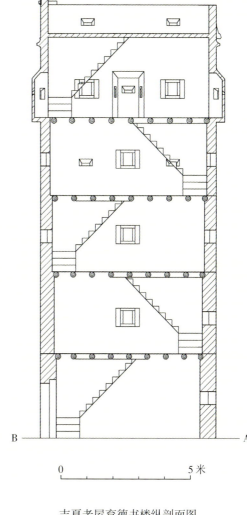

B　　　　　　　　　　　　　　　A

0　　　　　　　5米

吉夏老屋育德书楼纵剖面图

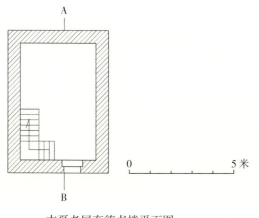

0　　　　　　　5米

吉夏老屋育德书楼平面图

育德书楼

竹头吓炮楼院

位于龙岗区南湾街道丹竹头社区，正门朝南偏东10°，建筑占地面积约4875平方米，清末时期建筑。一炮楼和排屋组成。排屋由南至北依次排列成四排，前三排为斗廊齐头屋、三间两廊结构，第四排为硬山顶单间两进结构，高两层，均用三合土夯筑而成。炮楼位于后面，高五层，平面呈方形，天台女儿墙方筒式，四面开瞭望窗及射击孔，第四层东南角和西北角设铳斗，北面顶部有两锦鲤吐珠排水口。整体保存状况一般。结构和布局保存较好，梁架、基础较为稳定，但墙壁腐蚀，部分房屋被改造。

竹头吓炮楼   铳斗

第五节　横岗街道

横岗街道共登记炮楼 18 座。其中，10 座为炮楼院，4 座包含在古村落中，4 座包含在客家围中。瓦坡腰檐式炮楼发现 1 座，余为天台式。14 座天台女儿墙式，2 座天台山墙式，1 座天台栏墙式。炮楼均开窗，有 2 座未设射击孔。5 座有装饰性排水口，13 座顶层有装饰。

南州世居炮楼

位于龙岗区横岗街道横岗社区南塘村，坐东南朝西北，通面阔 35 米，进深 23 米，建筑占地面积约 557 平方米，民国时期建筑。一炮楼和一排屋组成。炮楼位于东南面，高五层，平面呈方形，天台女儿墙方筒式，顶部东西两角各有一铳斗，四面哑铃形和竖条形射击孔。拖屋 9 开间，三合土墙。斗廊齐头三间两廊带阁楼结构。建筑整体形制保存情况一般，墙体基本保存。部分房屋倒塌或改建，梁架和基础较好，局部瓦件脱落。

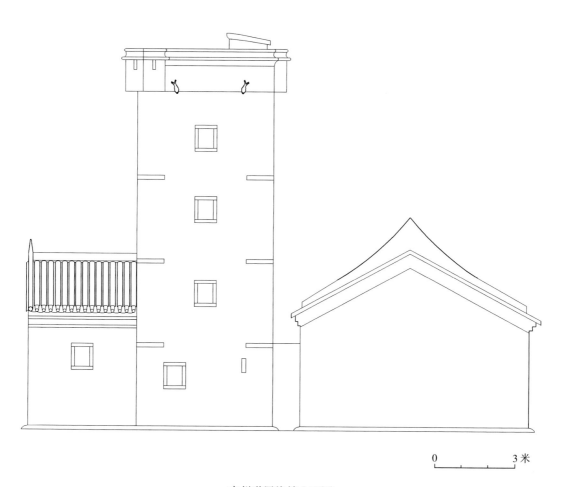

0   3 米

南州世居炮楼立面图

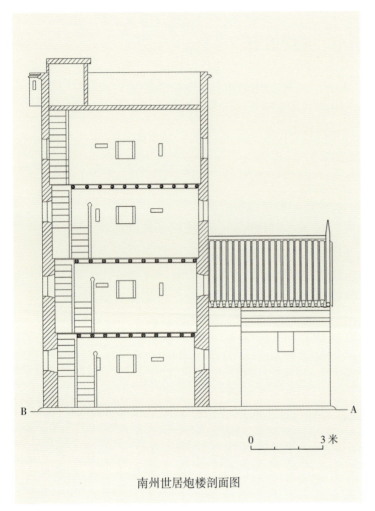

南州世居炮楼剖面图

南州世居炮楼

南州世居炮楼顶部天台女儿墙及铳斗

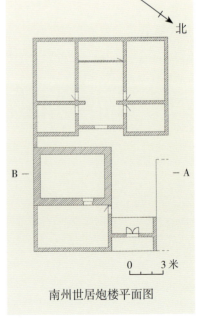

南州世居炮楼平面图

西坑沙背坜炮楼院

　　位于龙岗区横岗街道西坑社区沙背坜村，坐西南朝东北，通面阔36米，进深9米，建筑占地面积约384平方米，清末时期建筑。一炮楼拖一排屋组成。炮楼位于西北侧，高四层，平面呈长方形，天台女儿墙方筒式。东、西两角各设一个铳斗，开竖条形射击孔，东北面顶部饰两个蝙蝠形排水口，寓意洪福齐天，顶饰蓝红相间带。拖屋七开间，硬山顶三间两廊结构，高两层，檐口饰人物、山水、诗词等壁画。均用三合土夯筑而成，现仅存一炮楼拖一屋，整体布局结构已不存。保存一般。

沙背坜炮楼铳斗　　　　　　　沙背坜炮楼

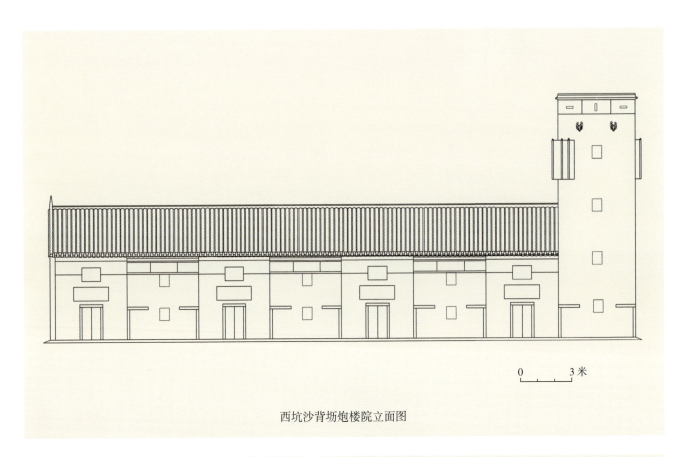

西坑沙背坜炮楼院立面图

0　　　3米

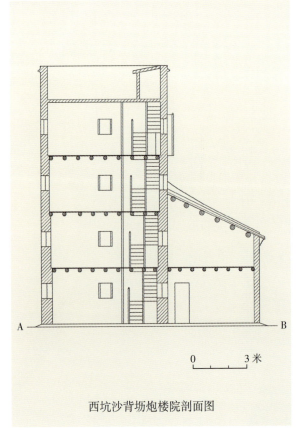

西坑沙背坜炮楼院剖面图

0　　　3米

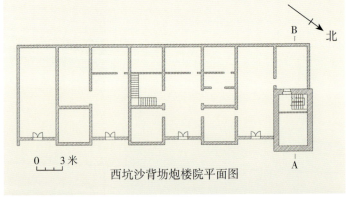

西坑沙背坜炮楼院平面图

0　　3米

北

蝙蝠形排水口

屋角头老屋村炮楼

　　位于龙岗区横岗街道西坑社区屋角头村，正面朝北偏西20°，通面阔43米，进深30米，建筑占地面积约1300平方米，清末时期建筑。三排房屋和炮楼组成。西边排屋由北向南排列，第一排房屋七开间，硬山顶，三间两廊布局，高两层。土木结构，条石门框，正门书"裕安堂"，檐口饰有清晰壁画山水、花鸟等。最大进深11米，脊饰博古；第二排也是七开间，高三层，硬山顶，脊饰博古，三间两廊结构。炮楼位于西北面，高五层，天台女儿墙方筒式，顶部东北、西南两角设铳斗，开竖条形射击孔，与之相邻的排屋有九开间，檐口饰精美木雕，廊屋开横条形枪眼。整体保存一般。

屋角头老屋村炮楼

屋角头老屋村炮楼天台女儿墙及铳斗

塘坑炮楼

位于龙岗区横岗街道六约社区塘坑村，坐东南朝西北。通面阔 18 米，进深 13.5 米，建筑占地面积约 210 平方米，清末时期建筑。一炮楼和一拖屋组成。炮楼位于拖屋左侧，高三层，平面呈正方形，天台女儿墙方筒式，四面开有小窗，炮楼第三层东北面开竖条形枪眼。拖屋三开间，为硬山顶单间，屋顶已盖起铁皮，周边围有围墙，开一拱形小门。整体保存较差。

塘坑炮楼

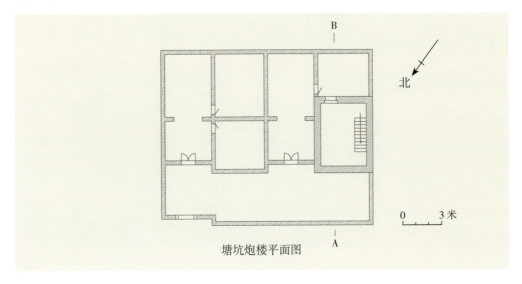

塘坑炮楼平面图

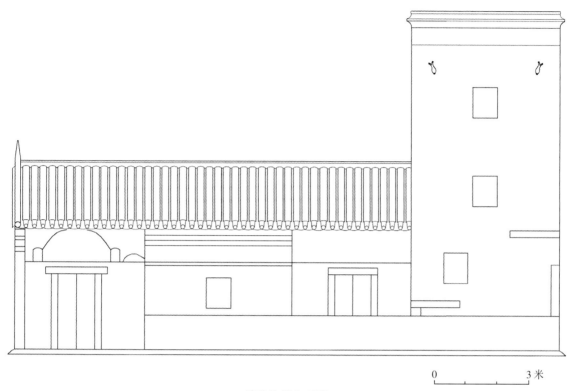

0　　　　　　3米

塘坑炮楼立面图

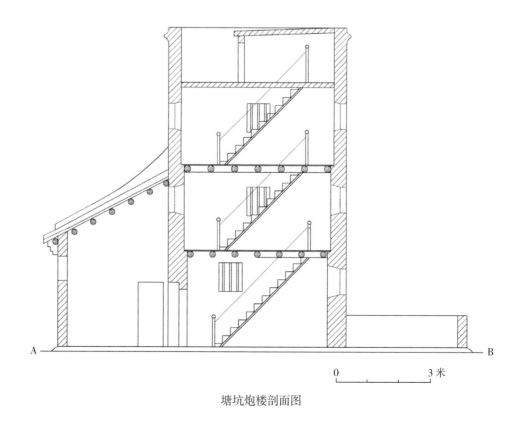

A　　　　　　　　　　　　　　　B

0　　　　　　3米

塘坑炮楼剖面图

桐斌世居炮楼

位于龙岗区横岗街道横岗社区新光村，正面朝西偏南 20°，面阔 32 米，进深 46 米，建筑占地面积约 1477 平方米，民国时期建筑。一炮楼和数排房屋组成。炮楼位于北面，天台栏墙方筒式，高四层，顶部书"桐斌世居"四字，顶饰红蓝相间带，四面开窗和射击孔，平面呈长方形。拖屋为三间两廊改建式，硬山顶，土木结构，条石门框，其他排屋为齐头三间两廊。整体保存一般。

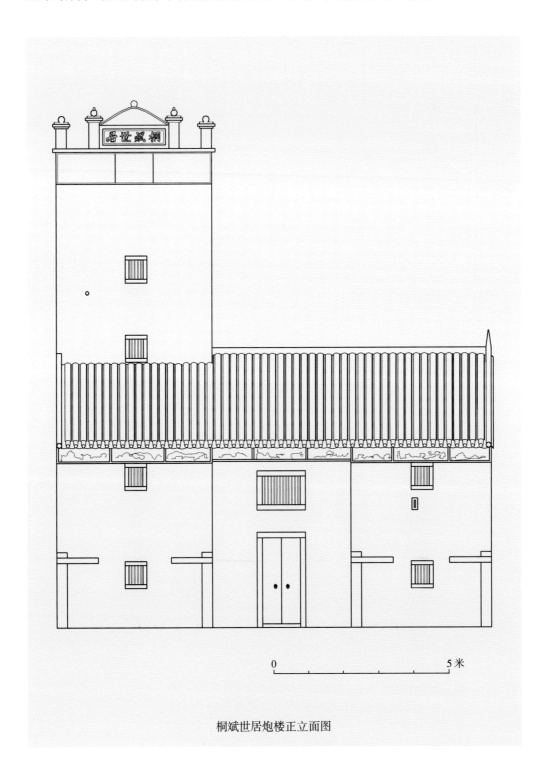

0   5 米

桐斌世居炮楼正立面图

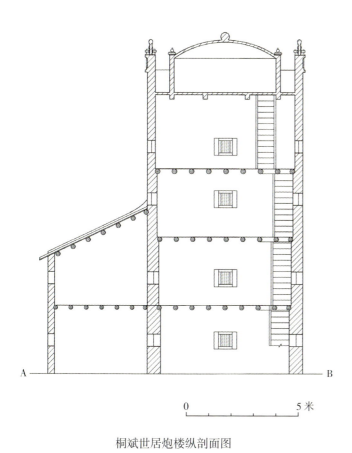

桐斌世居炮楼纵剖面图

桐斌世居炮楼平面图

桐斌世居炮楼顶部山墙栏墙

桐斌世居炮楼

东升围屋炮楼

位于龙岗区横岗街道保安社区马六村，正面朝东偏南40°，建筑占地面积约3334平方米，清末时期建筑。三堂两横带四角楼结构，通面阔60米，进深40米。祠堂位于中轴线上，正门书"永彩李公祠"，屋脊饰精美灰塑，单间三进。中堂开圆形门。两座炮楼分别位于东南和东北角，土木结构，高四层，平面呈长方形，天台女儿墙方筒式，四面开窗带弧形窗罩，顶层带两个鳌鱼形排水口。外门楼和照墙将两炮楼连接在一起，外门楼为石拱券门，书"东升"二字。围内房屋为斗廊齐头三间两廊结构，檐枋饰人物、花鸟壁画，脊饰博古。北横屋中部不存或未被建起，整体结构布局尚存，保存一般。"永彩李公祠"因近年重修，保存较好，后人还延续着传统的祭祖风俗。原有的风水塘已填。

东升围屋炮楼全景

脊饰

东升围屋炮楼

壁画 1

壁画 2

檐口木雕

龙塘炮楼院

位于龙岗区横岗街道六约社区龙塘村，正门朝南偏东10°，建筑占地面积约420平方米，民国时期建筑。由炮楼和排屋组成。排屋前有一门楼，三合土墙，覆小青瓦，檐枋饰花鸟、诗词等壁画。排屋三开间、三进。前排房屋檐口饰精美木雕、博古脊。炮楼位于排屋右侧10米处，天台栏墙方筒式炮楼，高四层，平面呈方形，四面开窗带窗罩，竖条形射击孔，东面顶部有两鱼形排水口，连接炮楼的房屋已拆，整体保存一般。

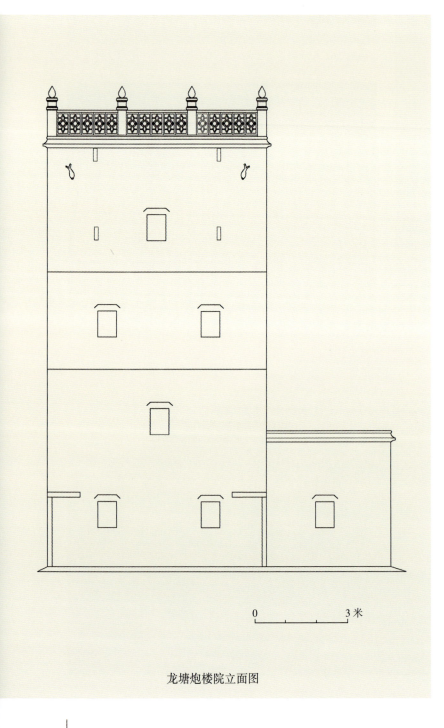

龙塘炮楼院立面图

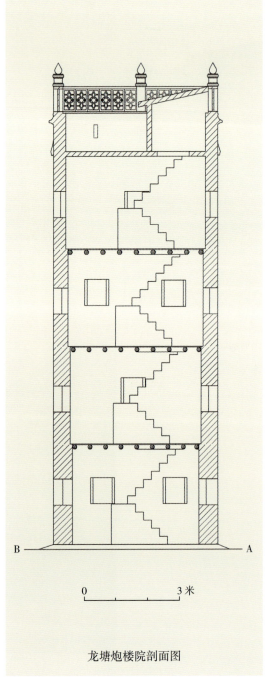

龙塘炮楼院剖面图

龙塘炮楼

龙塘炮楼顶部栏墙

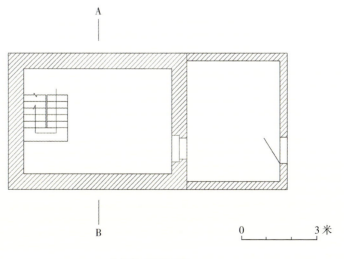

龙塘炮楼平面图

第六节　龙岗街道

　　龙岗街道共登记炮楼 31 座。与排屋连为一体的炮楼共 15 座，包含在古村落中的炮楼共 7 座，包含在客家围中的炮楼共 9 座。龙岗街道发现素瓦坡顶炮楼 1 座，瓦坡顶加建女儿墙 3 座。天台女儿墙式炮楼 23 座，天台山墙式 1 座，天台栏墙式 1 座，天台穹隆顶 1 座。炮楼均开窗及射击孔，9 座有装饰性排水口，除锦鲤吐珠外，还发现一座饰洪福齐天（蝙蝠）。炮楼顶层也多有装饰。

浪尾老屋炮楼

　　位于龙岗区龙岗街道南约社区浪尾老屋村，正门朝西北，面阔 30 米，进深 28 米，建筑占地面积约 840 平方米，民国时期建筑。一炮楼拖两排齐头屋组成。均为土木结构。炮楼位于东北角，天台女儿墙式，高四层，四面开窗，窗两侧开有横长方形射击孔。上部设锦鲤排水口。建筑整体形制保存情况一般。

浪尾老屋炮楼

0   3 米

浪尾老屋炮楼立面图

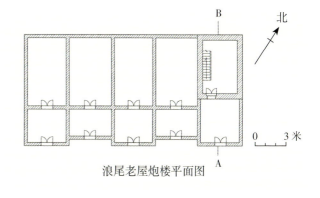

浪尾老屋炮楼平面图

浪尾老屋炮楼剖面图

鲤鱼吐珠排水口

马桥炮楼院

　　位于龙岗区龙岗街道南约社区炳坑路马桥老屋村，正门朝南偏西20°，面阔21.5米，进深12米，建筑占地面积约231平方米，民国时期建筑。土木结构。一炮楼拖一排屋组成。排屋开有两门，为齐头三间两廊式建筑。炮楼高五层，天台女儿墙式，顶部灰塑已脱落，四面开窗及横长方形射击孔，对角设铳斗两个。炮楼整体结构尚存，顶部灰塑已脱落。

马桥炮楼院

窗

锦鲤吐珠排水口

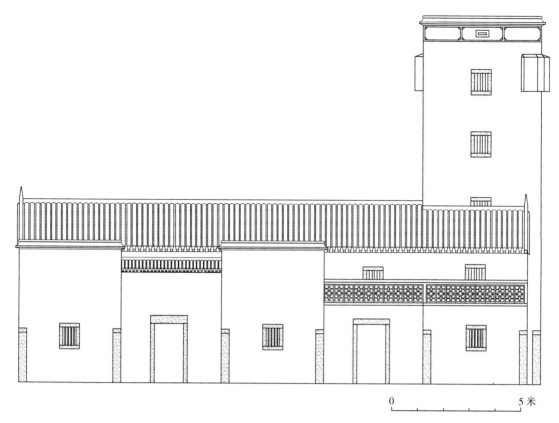

0　　　　　　　5 米

马桥炮楼院正立面图

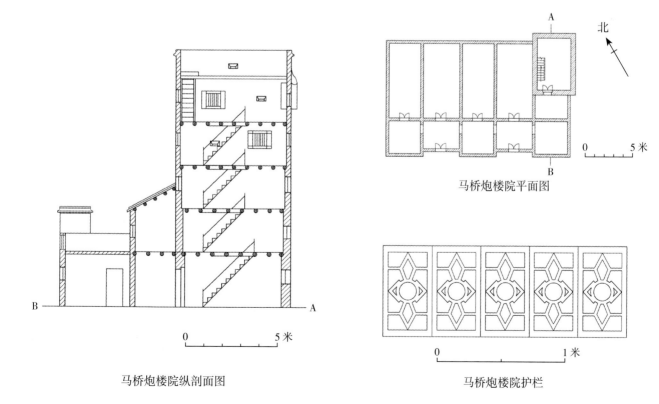

0　　　　　　5 米

马桥炮楼院纵剖面图

A

北

0　　　　　5 米

马桥炮楼院平面图

B

0　　　　　1 米

马桥炮楼院护栏

云桥新居

位于龙岗区龙岗街道南约社区炳坑路马桥老屋村，正门朝南偏西25°，面阔29米，进深19米，建筑占地面积约351平方米，民国时期建筑。土木结构。一炮楼拖一排屋组成。排屋中间开一正门，门额书"云桥新居"。进门后为天井，东西两侧分别为齐头和尖头三间两廊式建筑。炮楼高四层，上部楼板已塌落，顶部带雨棚、锅耳式山墙，悬鱼包角四面开瞭望窗。其中东面窗侧开横条形射击孔。整体保存一般，布局结构尚存。

云桥新居炮楼院全景

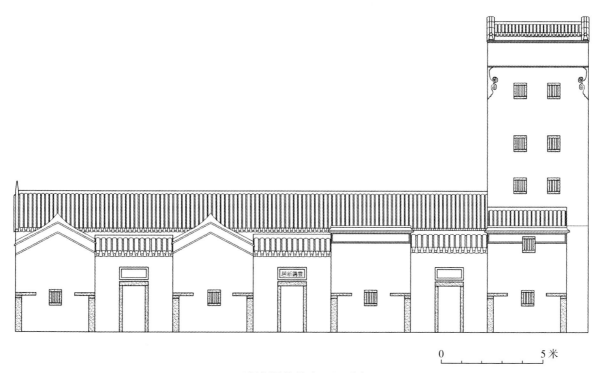

云桥新居炮楼院正立面图

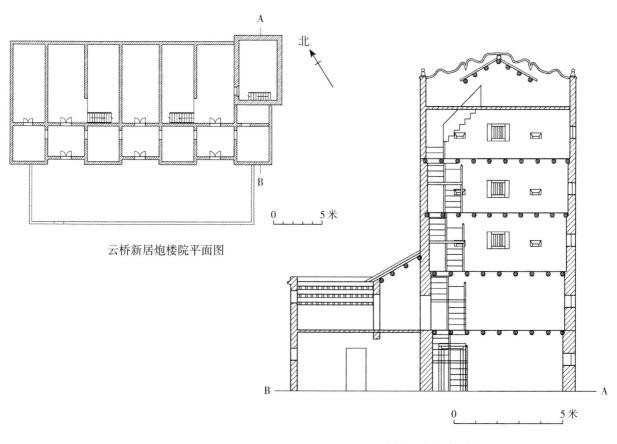

云桥新居炮楼院平面图

云桥新居炮楼院纵剖面图

格水炮楼院

位于龙岗区龙岗街道龙岗社区格水村，整体建筑坐北朝南，面阔 56.5 米，进深 23 米，建筑占地面积约 1200 平方米，民国时期建筑。土木结构。东西两端各建一炮楼。东边炮楼高四层，四边开小窗，天台女儿墙方筒式，女儿墙每侧两个射击孔。西边炮楼高五层，四面开窗，顶部每侧开射击孔，四面设铳斗，开有射击孔。两炮楼各拖一排屋，东炮楼拖东西向尖头式排屋，中间为江氏宗祠，已废弃。西边炮楼拖一南北单元式房屋。格水炮楼院整体布局和结构均保存得较好，墙体、基础完好，但局部瓦件脱落，墙壁损毁。原有的祠堂现已废弃。

格水炮楼院东炮楼

格水炮楼院西炮楼

西炮楼顶部女儿墙及铳斗

门罩

0 3米

格水炮楼院立面图

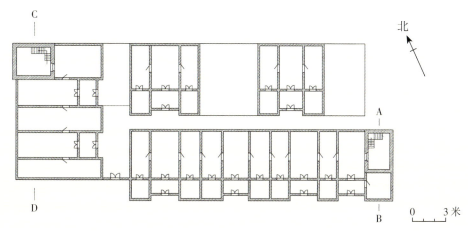

格水炮楼院平面图

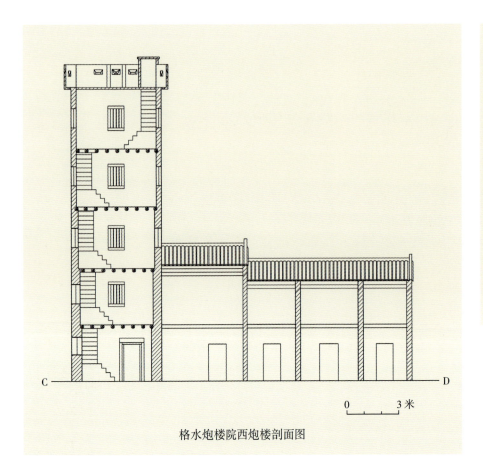

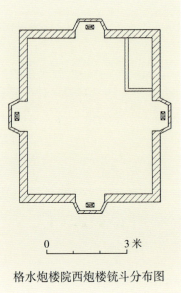

格水炮楼院西炮楼铳斗分布图

格水炮楼院西炮楼剖面图

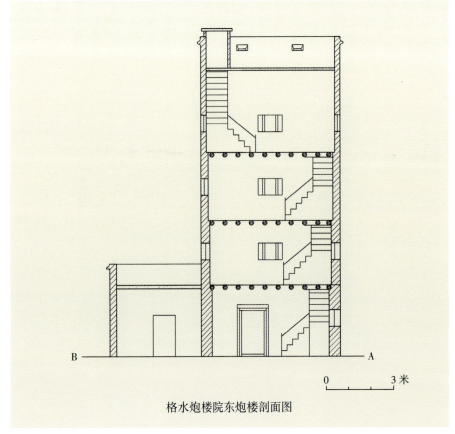

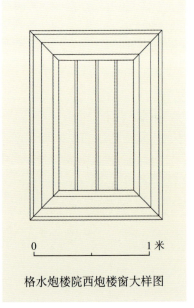

格水炮楼院西炮楼窗大样图

格水炮楼院东炮楼剖面图

大围村炮楼（瑞艳南天）

位于龙岗区龙岗街道龙东社区大围村，正面朝南，面阔 29 米，进深 23 米，建筑占地面积约 670 平方米，民国时期建筑。由两炮楼各拖一排屋组成。西边炮楼高四层，天台女儿墙，四周开有射击孔。南面顶部有两个锦鲤吐珠排水口，平面呈长方形。东边炮楼高四层，天台女儿墙，平面呈长方形。房屋格局为三间两廊带有阁楼，土木结构。整体保存尚可。

大围村炮楼

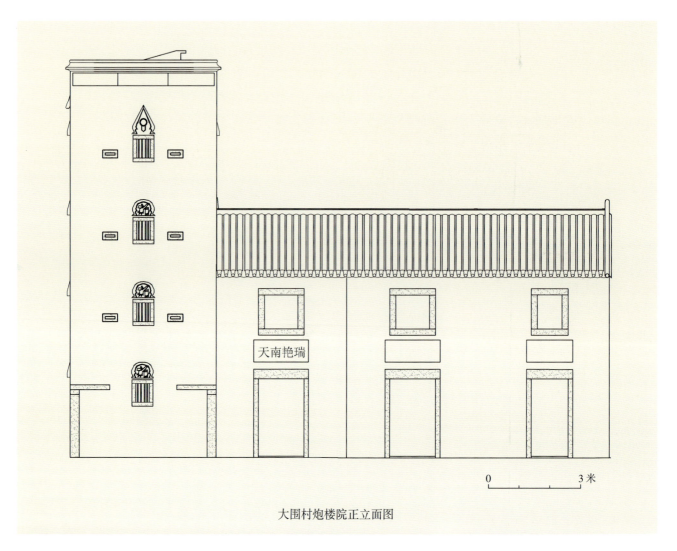

天南艳瑞

0　　　　　3米

大围村炮楼院正立面图

大围村炮楼之一

窗

大围村炮楼之二

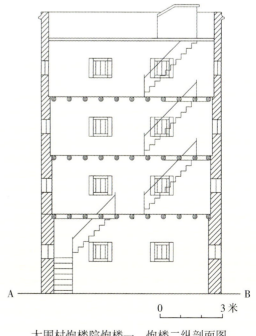

大围村炮楼院剖面图

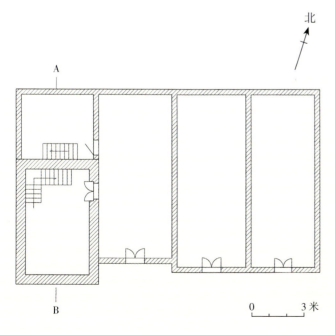

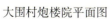

大围村炮楼院平面图

大围村炮楼院炮楼一、炮楼二纵剖面图

赤石岗炮楼院

位于龙岗区龙岗街道龙东社区赤石岗村，坐西朝东，面阔 33 米，进深 30 米，建筑占地面积约 1000 平方米，民国时期建筑。由一炮楼带曲尺形房屋组成。大门顶部有西洋式灰塑。炮楼位于西北角，高五层，平面呈长方形，四面开窗和扁平射击孔。房屋为三间两廊带天井阁楼结构，拖屋二层以上部分收缩形成一露台。均用三合土夯筑而成。墙体、基础完好。木雕饰件、窗等，大部分保存完好。因长年失修，墙体有裂缝，大门上方的灰塑精美。一炮楼拖曲尺形屋的平面布局在本地不多见。总体保存尚可，灰塑精美。

赤石岗炮楼院

灰塑

炮楼拖屋山墙

圳埔岭张氏炮楼

位于龙岗区龙岗街道南联社区圳埔岭，正面朝南，面阔42.5米，进深40米，建筑占地面积约1230平方米，民国时期建筑。一炮楼带两排齐头排屋组成。祠堂正门朝西。炮楼高五层，四面开瞭望窗，顶部呈穹隆顶，四周开有射击孔。第四层外带四个半圆形铳斗。从建筑风格看，此类型炮楼在龙岗地区较为罕见。

张氏炮楼全景

铳斗

张氏炮楼近景

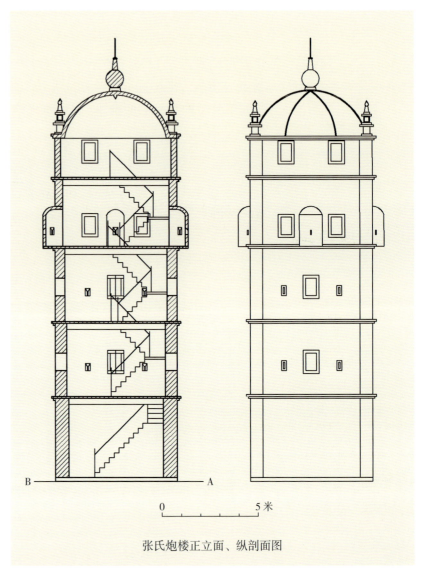

张氏炮楼正立面、纵剖面图

射击孔

张氏炮楼一、三层平面图

兰二老屋村炮楼

位于龙岗区龙岗街道龙东社区兰二村，正门朝西南，面阔 100 米，进深 50 米，建筑占地面积约 3600 平方米，民国时期建筑。土木结构。由两条东西向巷道分隔成三排屋和一江氏宗祠带一炮楼组成。炮楼高四层四周开窗，带有射击孔，四面带铳斗，天台女儿墙式。除江氏宗祠保存较好外，其他散屋基本废弃。

兰二老屋村炮楼

排水口

铳斗

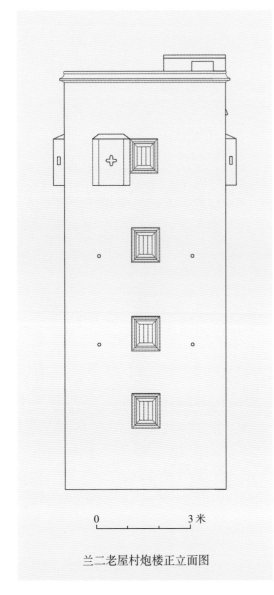

兰二老屋村炮楼正立面图

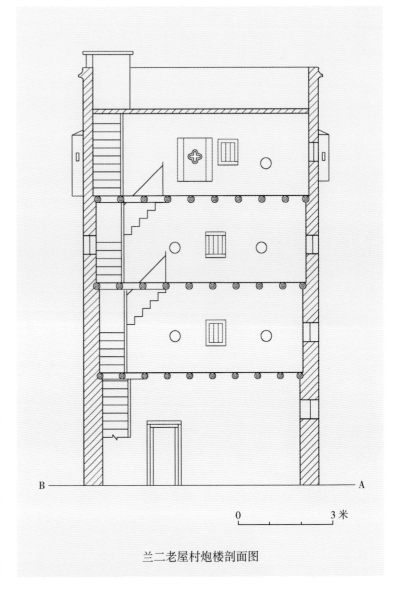

兰二老屋村炮楼剖面图

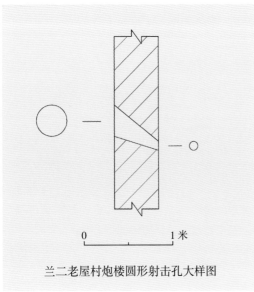

兰二老屋村炮楼圆形射击孔大样图

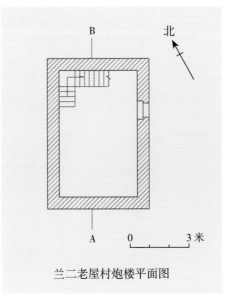

兰二老屋村炮楼平面图

邱屋老屋村炮楼

位于龙岗区龙岗街道南联社区邱屋老屋村，正面朝南偏东 15°，面阔 75 米，进深 70 米，建筑占地面积约 4000 平方米，民国时期建筑。整体布局已遭破坏，现仅存一炮楼、一角楼，炮楼为瓦坡顶加盖天台女儿墙式，高四层，四面开窗及横长方形射击孔。排屋原本为老围的一部分，三间两廊尖头式，其祠堂大门额书"上岗世居"，前有月池。其祠堂于 1997 年重修。

邱屋老屋村炮楼

邱屋老屋炮楼侧面

邱屋老屋村炮楼正立面图

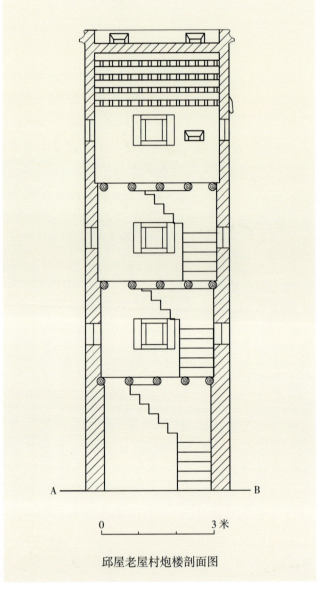

邱屋老屋村炮楼剖面图

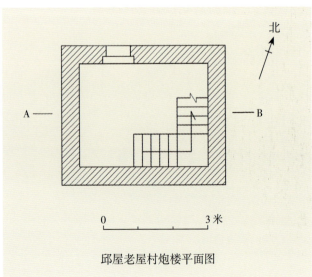

邱屋老屋村炮楼平面图

田丰世居炮楼

位于龙岗区龙岗街道新生社区田祖上老屋村，正面朝南偏东20°，面阔126米，进深83米，建筑占地面积12000平方米，建于清朝康熙壬寅年（1662年），由兴宁县迁居龙岗的刘姓客家人所创建。世居内共有房间78间，皆为单元式平房。围前有宽39.2米的月池和宽12.6米的禾坪。正门额上镌刻"田丰世居"。其后是宽6.9米的前天街，天街两端有券门通向世居外。隔前天街与世居正门相对是三开间三进二天井祠堂，三堂均面阔三间。炮楼位于东北角，瓦坡顶加天台女儿墙式，土木结构，高五层，四面开窗。为民国时期加建。

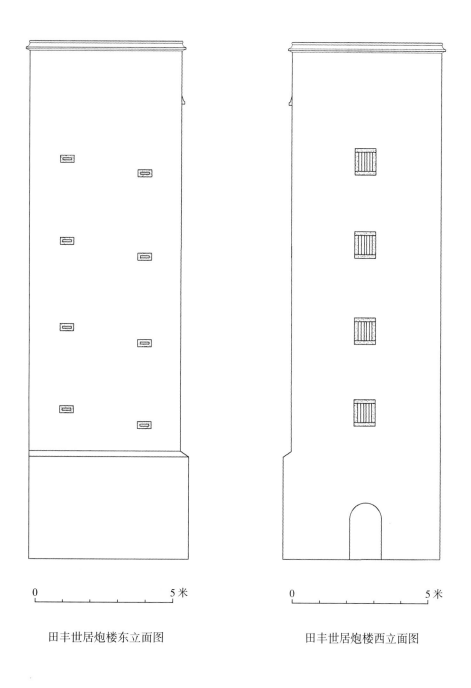

0 ————————— 5米   0 ————————— 5米

田丰世居炮楼东立面图　　　　　田丰世居炮楼西立面图

田丰世居炮楼全景

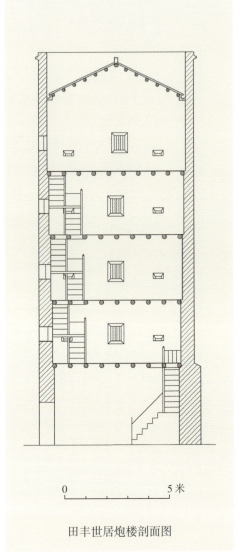

田丰世居炮楼剖面图

田丰世居炮楼

鲤鱼吐珠排水口

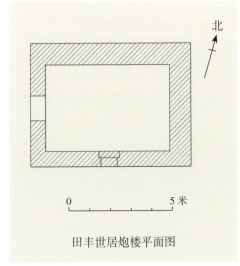

田丰世居炮楼平面图

棠梓新居炮楼

位于龙岗区龙岗街道龙东社区沙背坜村,正门朝西南,面阔35米,进深19米,建筑占地面积为1467平方米,清末时期建筑。原为三堂两横一围带四角楼建筑,现仅存三堂屋和东北角楼,均为土木结构。正门内凹1.5米,抬梁式梁架,刻有精美木雕,门额上书"棠梓新居"。祠堂位于中心,面阔三间深三进,中堂穿斗抬梁式梁架,两横屋已倒或改建。炮楼高四层,四面开窗及射击孔,天台女儿墙式。主体结构基本保存原貌,梁架和基础较好。祠堂现已废弃,原有的风水塘也已废。

棠梓新居炮楼立面图

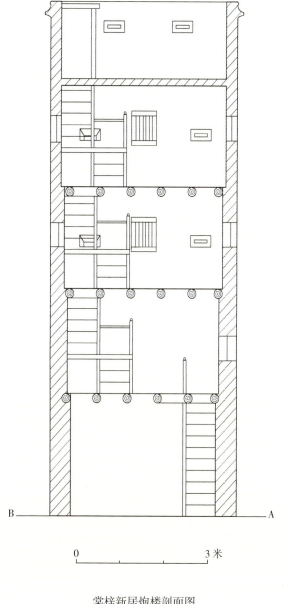

棠梓新居炮楼剖面图

棠梓新居炮楼院

窗花

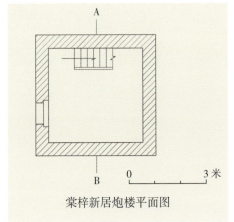

棠梓新居炮楼平面图

棠梓新居炮楼

第七节　龙城街道

　　龙城街道是此次普查发现炮楼数量最多的地区。共登记炮楼 61 座。其中单独炮楼一座，拖排屋炮楼 24 座，包含在古村落中 29 座，包含在客家围中 7 座。61 座炮楼中素瓦坡式共 7 座，瓦坡腰檐式 1 座，瓦坡顶加建女儿墙 1 座，天台女儿墙式 47 座，天台山墙式 4 座，天台栏墙式 1 座。其中 4 座未开射击孔，18 座开锦鲤吐珠排水口，37 座有装饰。

　　龙城街道不仅是发现炮楼数量最多的街道，发现炮楼的类型也较多，素瓦坡式、瓦坡腰檐式、天台女儿墙式、天台山墙式、栏墙式均有发现。瓦坡顶炮楼的数量较之西部街道有所增多。

□昇齐楼

　　位于龙岗区龙岗街道盛平社区官新合村，正门朝南，面阔 34 米，进深 27 米，建筑占地面积约 674 平方米，一炮楼拖两排屋组成。土木结构。平面呈长方形，东南角外侧附建两排屋。两排屋之间西向有侧门，前排屋两大门上灰塑有字，已被白灰所刷。东南角有炮楼一座，高五层，四面开窗。顶部四周分布有铳斗，铳斗顶部呈拱形突起的山墙样式，拱形内以灰塑仿西洋式摆钟装饰。其下有"□昇齐楼"三个灰塑楷书黑字，两旁有"民国廿""一年造"年款，说明该炮楼建于民国二十一年（1932 年）。基本形制和布局保存较为完整。前排屋前墙上部被改建。□昇齐楼西侧为官新合老围。

□昇齐楼炮楼顶部山墙

□昇齐楼炮楼院

振端堂

位于龙岗区龙城街道盛平社区松子路 10 号，正门朝东，面阔 32 米，进深 16 米，建筑占地面积约 643 平方米，民国时期建筑。土木结构。由一炮楼拖一排屋组成。排屋正面开三门，中间正门额灰塑"振端堂"三字。炮楼位于东北角，天台女儿墙式，高 4 层，四面均开瞭望窗，窗两侧均有横条形射击孔。建筑整体保存情况一般。

振端堂炮楼院

振端堂炮楼正面

白沙水炮楼院（2）

位于龙岗区龙城街道龙西社区白沙水村，坐北朝南，面阔43米，进深23米，建筑占地面积约753平方米，民国时期建筑。一炮楼拖三排屋布局，土木结构。炮楼位于第二排屋左侧，高四层，平面呈方形，天台栏墙方筒式，四面开瞭望窗和横条形射击孔。拖屋六开间，齐头三间两廊带天井、阁楼，檐口饰山水、鸟兽等壁画，脊饰博古。另两排屋分别为七开间和三开间，都是齐头三间两廊结构，整体保存一般。

白沙水炮楼院（2）

灰塑

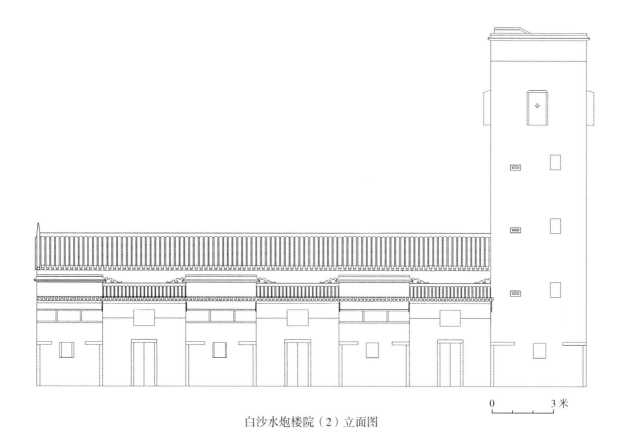

白沙水炮楼院（2）立面图

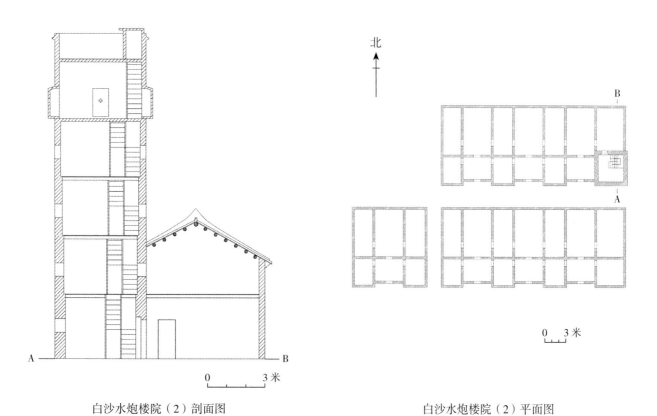

白沙水炮楼院（2）剖面图　　　　　　白沙水炮楼院（2）平面图

白沙水炮楼院（4）

位于龙岗区龙城街道龙西社区白沙水村，坐西北面东南，面阔 38 米，进深 11 米，建筑占地面积约 450 平方米，民国时期建筑。土木结构。一炮楼拖一排屋组成。炮楼位于东北角，天台女儿墙方筒式炮楼，高五层，平面呈方形，四面开窗，顶层四面设铳斗，开十字射击孔，顶饰蓝白相间带。拖屋八开间，斗廊尖头三间两廊带天井结构，西南角有一口古井，整体保存尚可。

白沙水炮楼院（4）

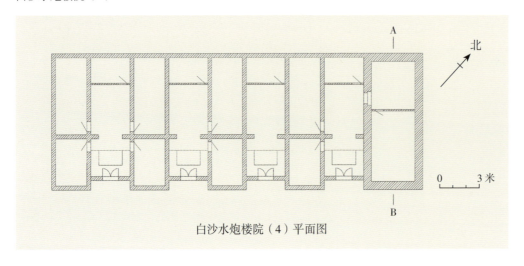

白沙水炮楼院（4）平面图

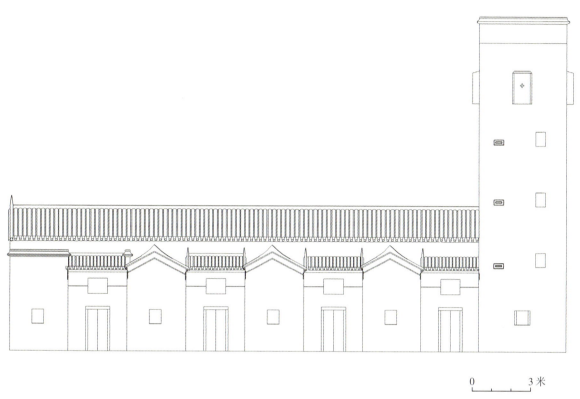

0 3 米

白沙水炮楼院（4）立面图

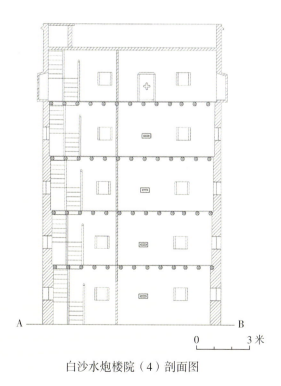

0 3 米

白沙水炮楼院（4）剖面图

铳斗

石溪炮楼院（2）

位于龙岗区龙城街道龙西社区石溪村，坐北朝南，面阔 34 米，进深 39 米，建筑占地面积约 1360 平方米，民国时期建筑。土木结构。由两座炮楼拖两排屋组成。炮楼一位于北面，高四层，平面呈方形，天台女儿墙方筒式，顶饰蓝带，拖屋五开间，齐头三间两廊结构，檐口饰山水、人物壁画，脊饰博古。炮楼二位于东面，高三层，平面呈长方形，素瓦坡式顶，四面开有瞭望窗，拖一单间房屋，房屋基本倒塌，保存较差。

石溪炮楼院（2）炮楼之一

楼吓炮楼院（2）

位于龙岗区龙城街道龙西社区楼吓村，坐西南朝东北，面阔19米，进深10米，建筑占地面积约190平方米，民国时期建筑。一炮楼拖一排屋组成。均用水泥和三合土墙构筑而成。炮楼高五层，平面呈长方形，天台女儿墙方筒式，顶部正面设铳斗，顶饰蓝白相间带，四面开窗和横条形射击孔，三层西北面设锦鲤吐珠排水口。拖屋五开间斗廊齐头三间两廊，檐口饰山水、人物壁画，脊饰博古，整体结构和布局保存得较好，梁架、基础、墙体等结构较为稳定。

楼吓炮楼院（2）

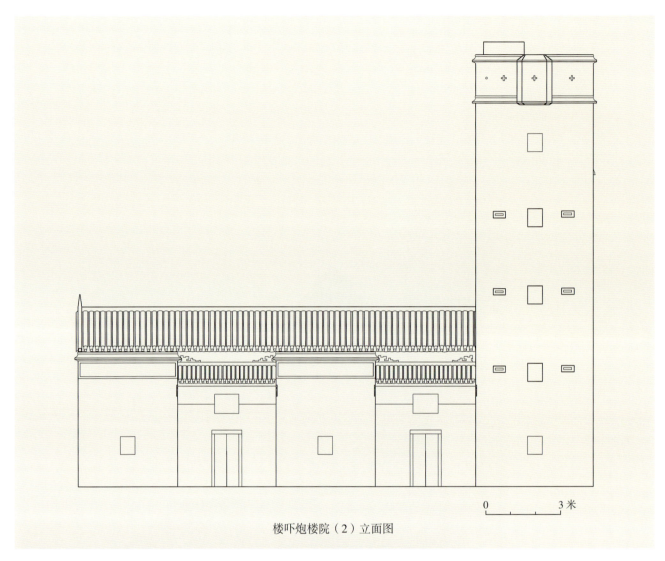

楼吓炮楼院（2）立面图

铳斗内部

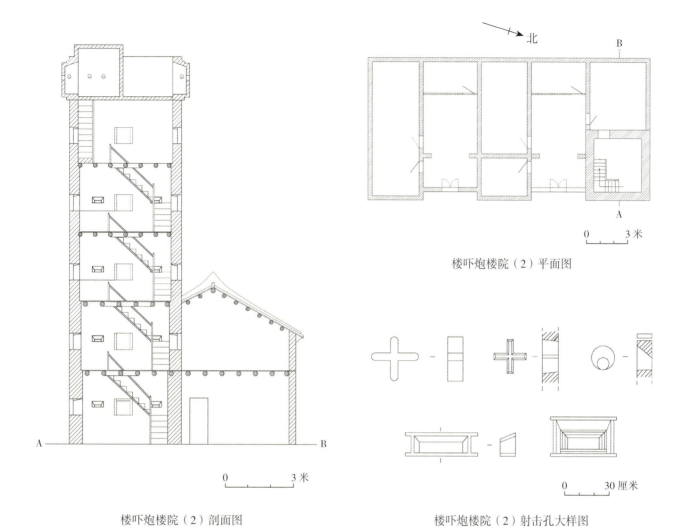

北

B

A

楼吓炮楼院（2）平面图

0　　　3 米

A

0　　　3 米

楼吓炮楼院（2）剖面图

0　　　30 厘米

楼吓炮楼院（2）射击孔大样图

内部楼板和扶梯

瓦窑坑炮楼院（2）

位于龙岗区龙城街道五联社区瓦窑坑村，坐西朝东，面阔42米，进深10米，建筑占地面积约420平方米，民国时期建筑。两座炮楼拖两排屋组成，土木结构。炮楼一位于东南角，高四层，平面呈正方形，瓦坡顶加建女儿墙方筒式，顶饰蓝带，四面开有小窗和竖条形射击孔，顶层书"得雲"两字。拖屋四开间，斗廊齐头三间两廊结构，腰檐饰人物、鸟兽浮雕，檐口饰人物山水和精美木雕，脊饰博古。炮楼二位于东北角，高四层，天台女儿墙方筒式，顶饰蓝红相间带，东面有锦鲤吐珠排水口。拖屋两开间，齐头三间两廊布局，檐口饰花鸟、人物壁画，脊饰博古。古井位于东南角已没有使用，整体保存尚可。

瓦窑坑炮楼院（2）

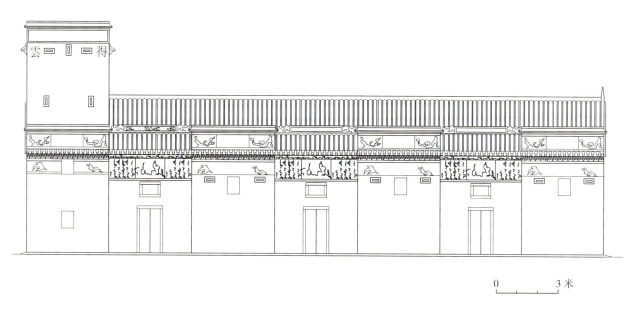

0   3 米

瓦窑坑炮楼院（2）炮楼 1 立面图

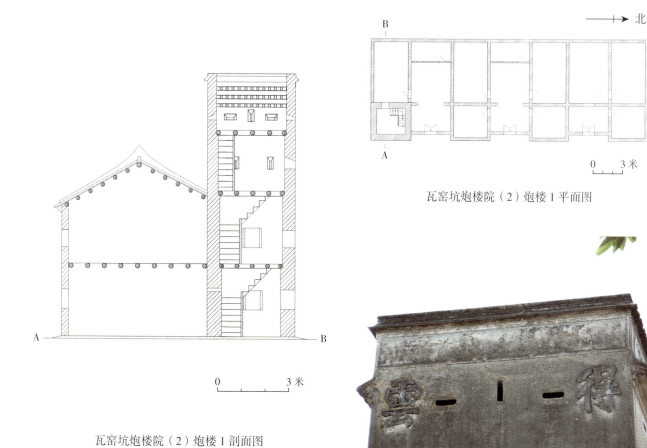

0   3 米

瓦窑坑炮楼院（2）炮楼 1 平面图

0   3 米

瓦窑坑炮楼院（2）炮楼 1 剖面图

"得雲"

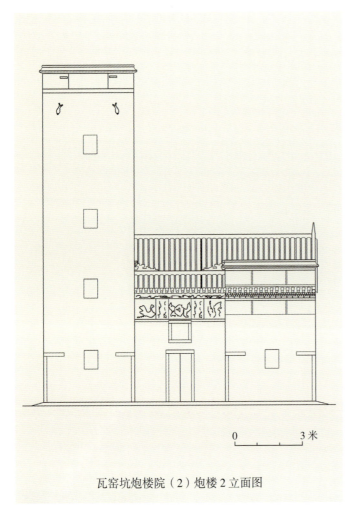

瓦窑坑炮楼院（2）炮楼2立面图

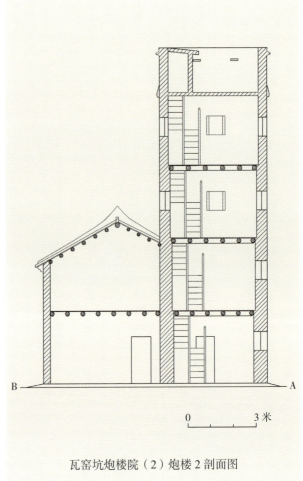

瓦窑坑炮楼院（2）炮楼2剖面图

檐板木雕

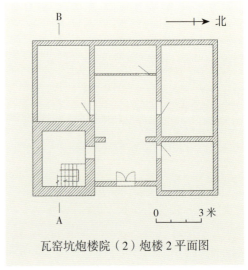

瓦窑坑炮楼院（2）炮楼2平面图

壁画 1

壁画 2

壁画 3

协平炮楼院

位于龙岗区龙城街道五联社区协平村，坐西北朝东南，面阔54米，进深16米，建筑占地面积约864平方米。炮楼主楼高四层，平面呈方形，天台女儿墙方筒式，四面开窗。前廊屋顶加建栏墙，形成子炮楼，栏墙饰摆钟，东南面设铳斗，开十字形枪眼口。拖屋七开间，齐头三间两廊，檐墙饰山水、人物壁画，脊饰博古。据壁画题记可知其建成年代不晚于1932年。

协平炮楼院2

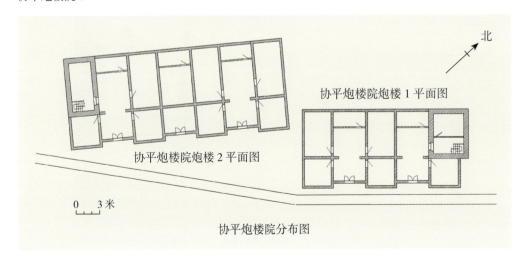

协平炮楼院炮楼1平面图

北

协平炮楼院炮楼2平面图

0 3米

协平炮楼院分布图

0 ⊢——⊢ 3 米

协平炮楼院炮楼 1 立面图

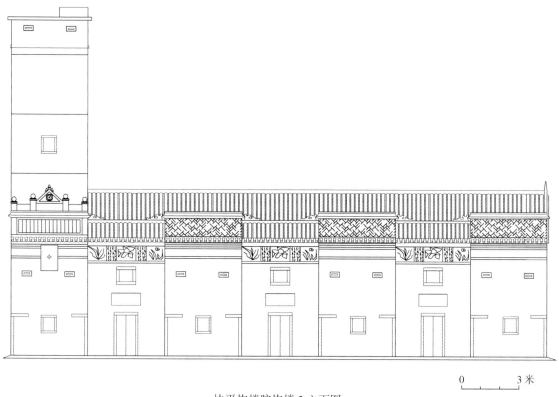

0 ⊢——⊢ 3 米

协平炮楼院炮楼 2 立面图

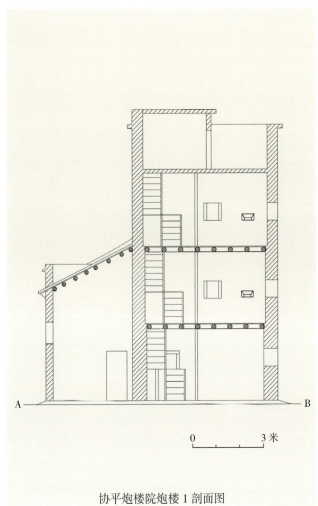

协平炮楼院炮楼 1 剖面图

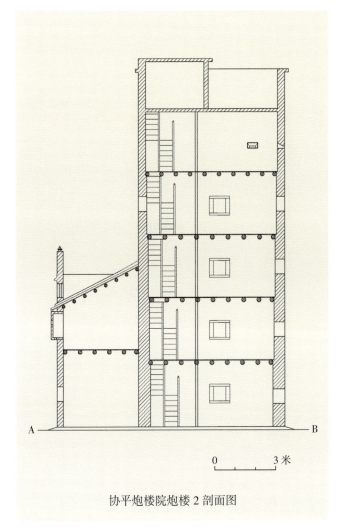

协平炮楼院炮楼 2 剖面图

协平炮楼院炮楼 1 平面图

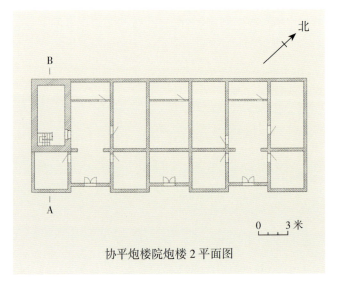

协平炮楼院炮楼 2 平面图

炮楼二山墙

壁画

协平炮楼院（2）

位于龙岗区龙城街道五联社区协平村，坐东南朝西北，面阔22米，进深11米，建筑占地面积约230平方米，民国时期建筑。两炮楼拖一排屋组成，为三合土构筑。炮楼分别位于东北角和西南角，东北炮楼高五层，平面呈方形，天台女儿墙方筒式，四面开窗和横条形枪眼口；西南炮楼高三层，天台女儿墙方筒式，平面呈方形，四面开有小窗，西南面开有一门。拖屋三开间，开有两门，高两层。整体保存一般。木雕灰塑保存较好，墙体和部分构件有损毁。

协平炮楼院（2）全景

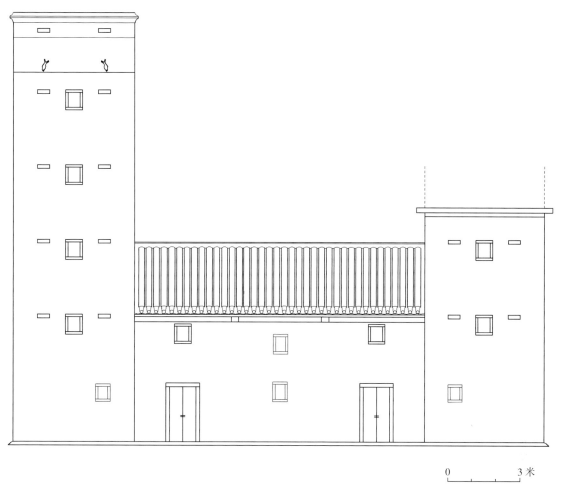

0   3 米

协平炮楼院（2）炮楼 1 立面图

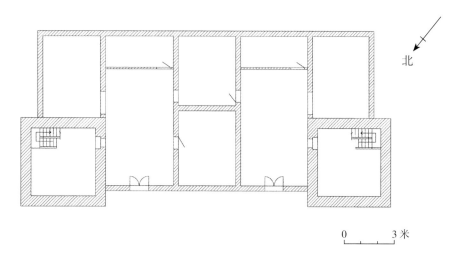

北

0   3 米

协平炮楼院（2）平面图

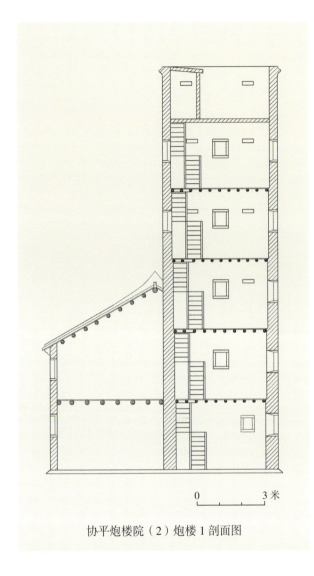

0　　　　3米

协平·炮楼院（2）炮楼1剖面图

炮楼之一

锦鲤吐珠排水口

田寮炮楼

位于龙岗区龙城街道爱联社区田寮村，坐西朝东，面阔12米，进深12米，建筑占地面积约144平方米，建于1931年。土木结构。炮楼高四层，天台女儿墙方筒式，顶饰蓝红相间带。顶层东面书"1931"字样，四面开有小窗和射击孔，顶层饰锦鲤吐珠排水口。拖屋齐头三间两廊结构，檐口花鸟壁画仍清晰，脊饰博古。保存较好。

田寮炮楼及拖屋

田寮炮楼全景

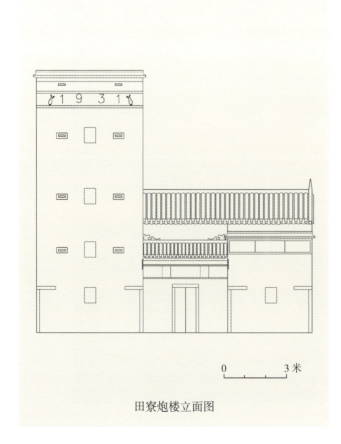

田寮炮楼立面图

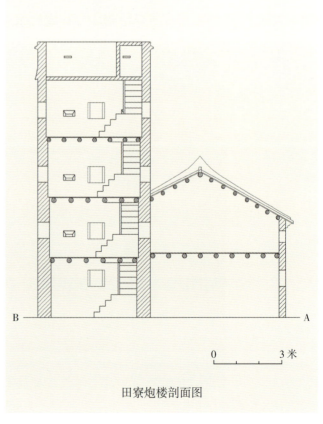

田寮炮楼剖面图

务地埔老屋村炮楼

位于龙岗区龙城街道龙西社区务地埔村，坐东北朝西南，面阔 75 米，进深 35 米，建筑占地面积约 1990 平方米，清末时期建筑。六排房屋与一炮楼组成。建筑均为土木结构，条石门框。由一条南北走向的巷道分隔左右各三排房屋，前排为斗廊齐头三间两廊，二排为斗廊尖头三间两廊，三排为硬山顶三间两廊。左边三排为 8 开间，右边三排为 11 开间。炮楼位于第二排屋中间，素瓦坡式顶，高三层，平面呈方形，四面开瞭望窗，二层东南面开有射击孔，整体保存一般。

务地埔老屋村炮楼全景

务地埔老屋村炮楼

石溪炮楼院（1）

位于龙岗区龙城街道龙西社区石溪村，正面朝东，面阔 128 米，进深 58 米，建筑占地面积约 6050 平方米，清末至民国时期建筑。土木结构。由炮楼、排屋、古井等组成。共有 5 座炮楼和 12 排房屋。炮楼一位于北边一角，高四层，平面呈方形，天台女儿墙方筒式，顶部饰带蓝，北面和南面顶部锦鲤吐珠排水口，四面开窗，南面开十字形射击孔；炮楼二位于中间，高三层，素瓦坡顶式，顶饰蓝带，平面呈方形，四面开窗；炮楼三位于西南角，高三层，天台女儿墙方筒式，顶部饰蓝红相间带；炮楼四位于西南角，高四层，天台女儿墙方筒式，顶饰红带，西北面鲤鱼吐珠排水口，横条形枪眼口。建于 1923 年，旁边有一口古井。房屋以斗廊齐头三间两廊居多，均用三合土砌墙，硬山顶，整体保存一般。炮楼五是二次修造，天台女儿墙双瓦坡顶。

石溪炮楼院（1）炮楼一

石溪炮楼院（1）炮楼三

石溪炮楼院（1）炮楼二

石溪炮楼院（1）炮楼四

石溪炮楼院（1）炮楼五

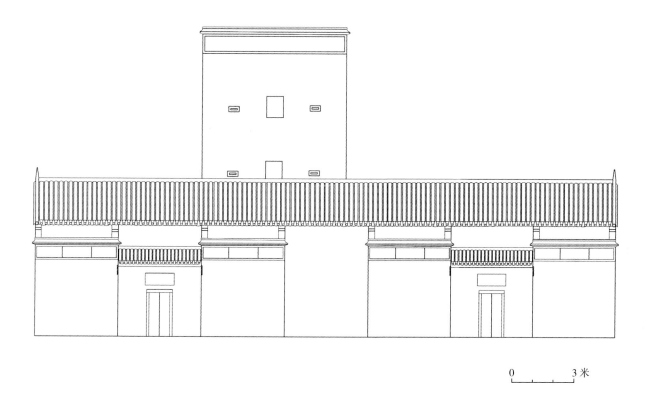

0 ⊢─────⊣ 3米

石溪炮楼院（1）炮楼1正立面图

北

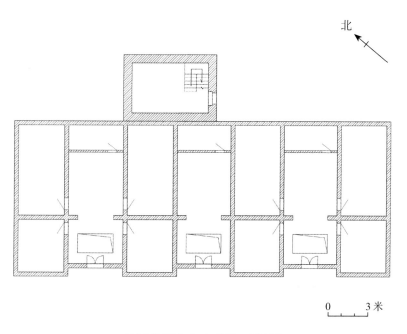

0 ⊢─────⊣ 3米

石溪炮楼院（1）炮楼1平面图

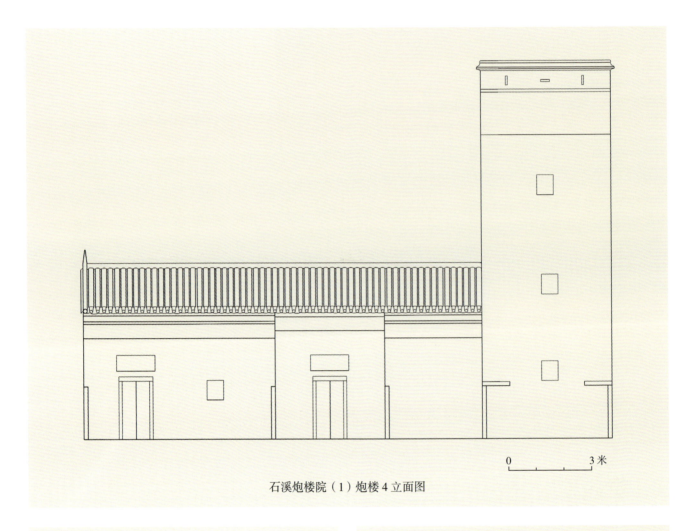

石溪炮楼院（1）炮楼 4 立面图

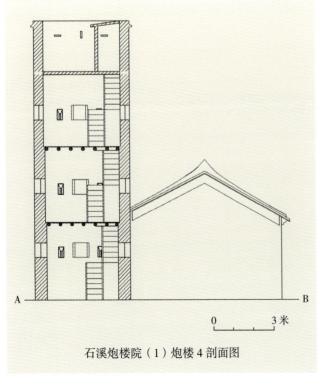

石溪炮楼院（1）炮楼 4 剖面图

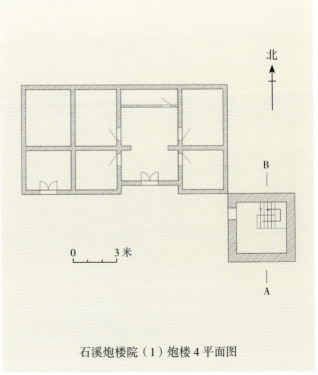

石溪炮楼院（1）炮楼 4 平面图

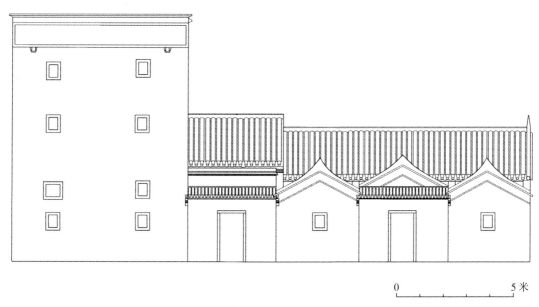

石溪炮楼院（1）炮楼 5 正立面图

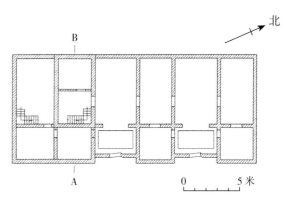

石溪炮楼院（1）炮楼 5 平面图

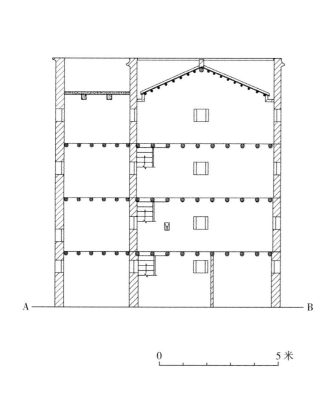

石溪炮楼院（1）炮楼 5 纵剖图

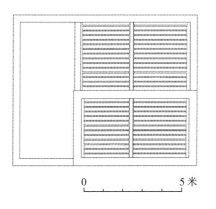

石溪炮楼院（1）炮楼 5 俯视图

龙岗记忆
——深圳东北地区炮楼建筑调查

楼吓炮楼院

位于龙岗区龙城街道龙西社区楼吓村，正面朝西偏南20°，面阔100米，进深60米，建筑占地面积约6000平方米，民国时期建筑。土木结构。三座炮楼和数排房屋组成。炮楼一位于西北角，高三层，平面呈方形，山墙栏墙混合式，顶部饰摆钟、花篮、地球，四面开窗；炮楼二位于东南角，高四层，平面呈长方形，天台女儿墙方筒式，顶饰蓝带；炮楼三位于东北角，高四层，平面呈长方形，天台女儿墙方筒式，顶饰蓝红相间带，四面开窗，横条形射击孔，房屋大多斗廊齐头三间两廊，整体保存尚可。后排房屋改建较多，因无人居住房屋部分倒塌。祠堂重修过保存较好，炮楼灰塑装饰精美，但经长期风化部分壁画已模糊。

楼吓炮楼院全景

楼吓炮楼院炮楼1

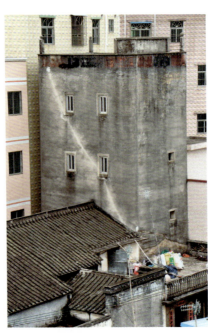

楼吓炮楼院炮楼2

楼吓炮楼院炮楼3

126

北

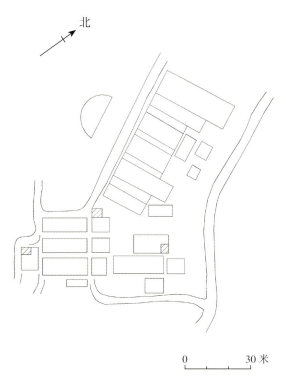

0　　　　　30 米

楼吓炮楼院总平面图

楼吓炮楼院炮楼 1 山墙之一

楼吓炮楼院炮楼 1 山墙之二

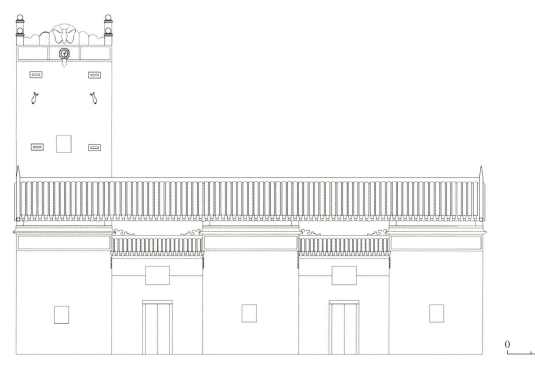

0　　　　　3 米

楼吓炮楼院炮楼 1 立面图

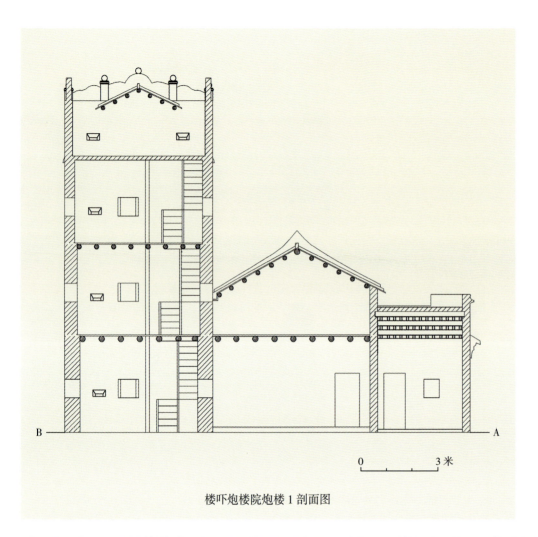

楼吓炮楼院炮楼 1 剖面图

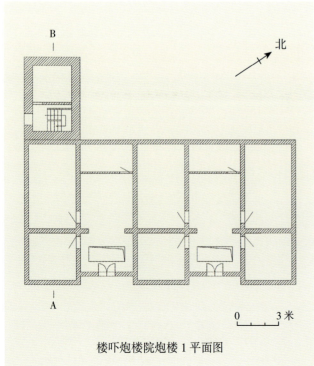

楼吓炮楼院炮楼 1 平面图

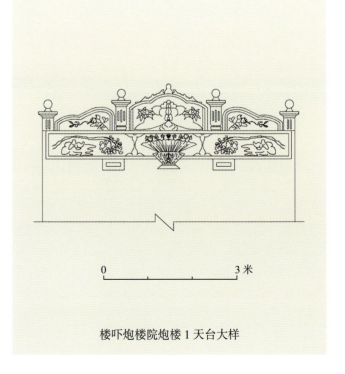

楼吓炮楼院炮楼 1 天台大样

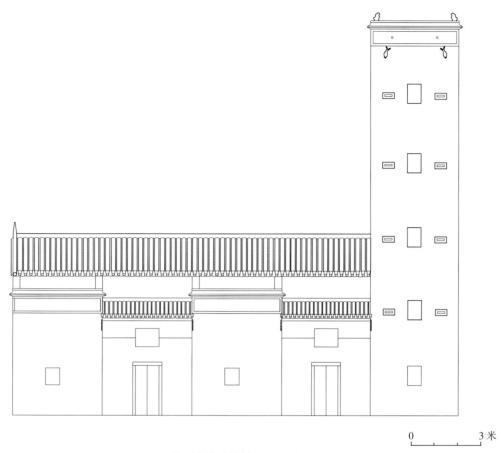

0　　　　　　3 米

楼吓炮楼院炮楼 2 立面图

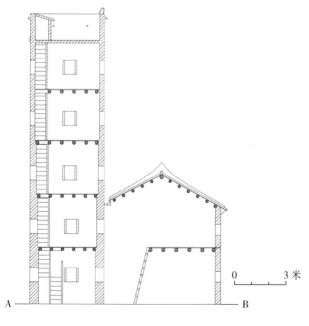

北

0　　　　3 米

楼吓炮楼院炮楼 2 剖面图

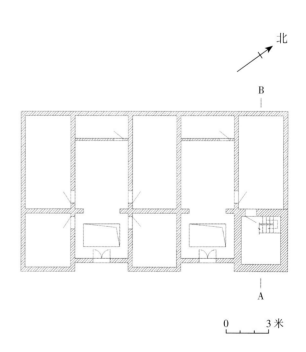

0　　　　3 米

楼吓炮楼院炮楼 2 平面图

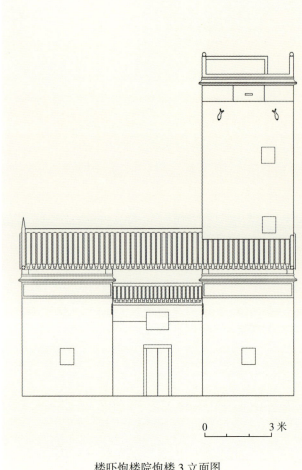

楼吓炮楼院炮楼 3 立面图

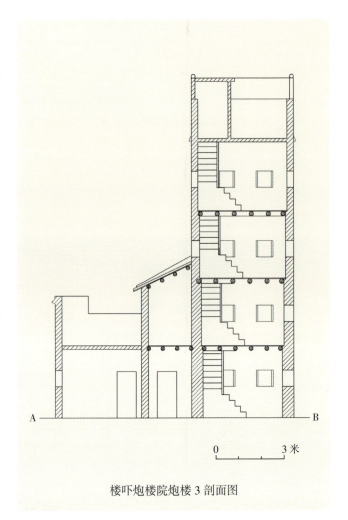

楼吓炮楼院炮楼 3 剖面图

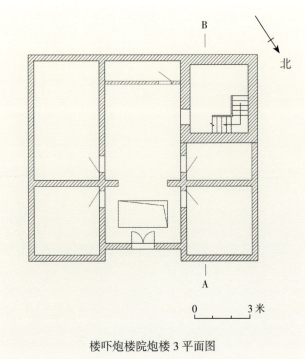

楼吓炮楼院炮楼 3 平面图

炮楼 1 檐板木雕

对面岭老屋村炮楼

位于龙岗区龙城街道龙西社区对面岭村，正面朝东偏南25°，面阔100米，进深50米，建筑占地面积约2000平方米，民国时期建筑。五座炮楼和排屋组成，均为土木结构，建筑由两条主巷道分隔。炮楼一位于西南角，高四层，天台女儿墙方筒式，顶饰蓝带，四面开窗，横条形射击孔；炮楼二位于中间，高四层，平面呈方形，天台女儿墙方筒式，顶饰蓝带；炮楼三位于西南角，高四层，女儿墙方筒式，顶饰红带；炮楼四位于东北角，高三层，素瓦坡式，四面开窗；炮楼五位于西北角，高三层，天台女儿墙方筒式，排屋以齐头三间两廊带天井阁楼为主。整体保存一般。

对面岭老屋村炮楼之一

对面岭老屋村炮楼全景

瓦窑坑老屋村炮楼

位于龙岗区龙城街道五联社区瓦窑坑村，面阔 25 米，进深 38 米，建筑占地面积约 950 平方米，清末时期建筑。由三排房屋和炮楼组成，为土木结构。第一排和第二排房屋为五开间，斗廊齐头三间两廊带天井结构，檐口饰山水、花鸟、人物壁画，脊饰博古。炮楼位于二排左侧，素瓦坡式顶，高两层，平面呈方形，四面开窗和射击孔。整体保存一般。

瓦窑坑老屋村炮楼

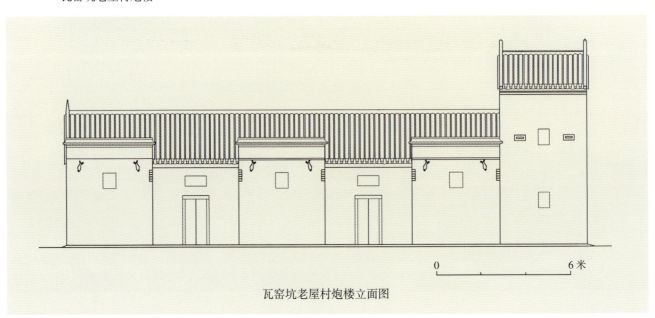

瓦窑坑老屋村炮楼立面图

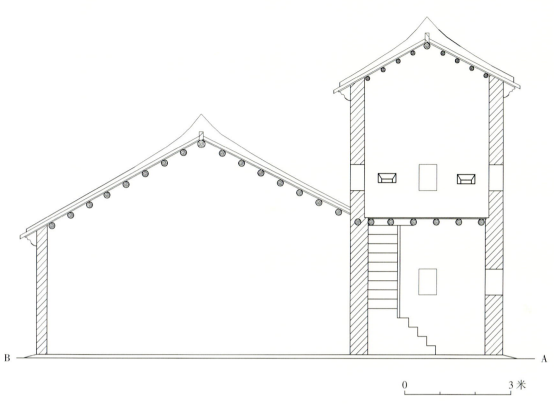

瓦窑坑老屋村炮楼剖面图

壁画

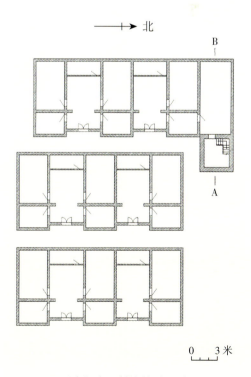

瓦窑坑老屋村炮楼平面图

朱古石炮楼院

位于龙岗区龙城街道五联社区朱古石村，坐西北朝东南，面阔50米，进深35米，建筑占地面积约2000平方米，民国时期建筑。两座炮楼拖两排屋组成，土木结构。炮楼一位于中心点，高三层，平面呈正方形，瓦坡腰檐式炮楼，四面开有小窗，拖一屋斗廊齐头三间两廊，檐口饰精美木雕，脊饰博古；炮楼二位于东北角，高三层，平面呈长方形天台女儿墙式，顶饰蓝红相间带，四面开小窗，拖屋为硬山顶三间两廊结构，整体保存一般。

朱古石炮楼院

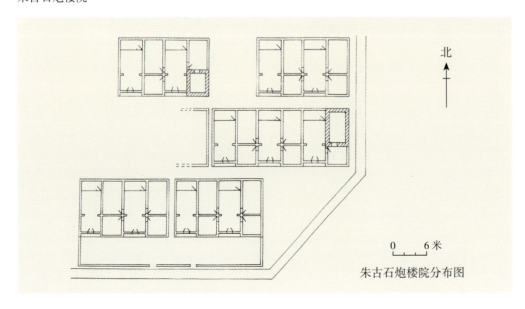

北

0   6米

朱古石炮楼院分布图

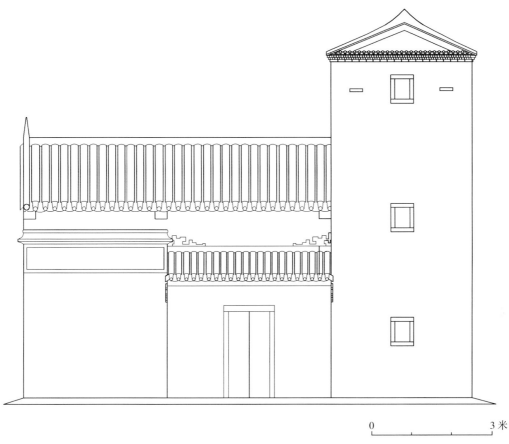

0　　　　　　3米

朱古石炮楼院炮楼 1 立面图

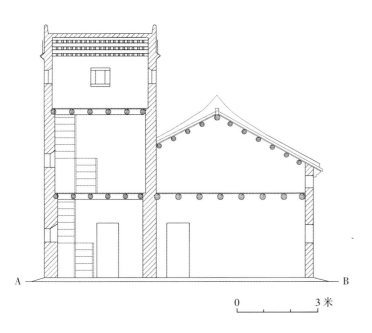

0　　　　　3米

朱古石炮楼院炮楼 1 剖面图

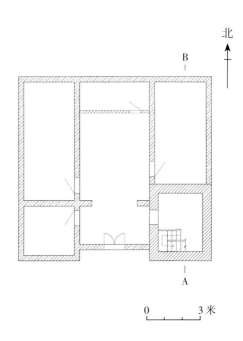

北

0　　　　3米

朱古石炮楼院炮楼 1 平面图

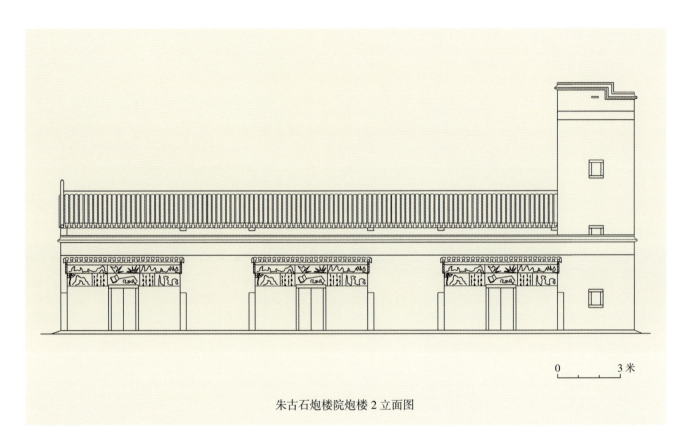

朱古石炮楼院炮楼 2 立面图

0　　3 米

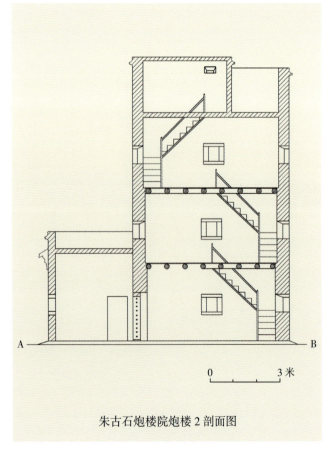

朱古石炮楼院炮楼 2 剖面图

0　　3 米

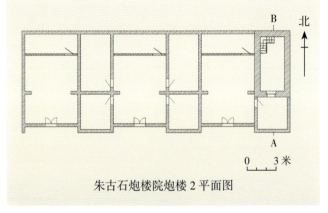

北

朱古石炮楼院炮楼 2 平面图

0　　3 米

壁画

吓四炮楼院

　　位于龙岗区龙城街道回龙埔社区吓四村，坐西北朝东南，面阔 120 米，进深 60 米，建筑占地面积约 7200 平方米，清末至民国时期建筑。由两座炮楼和房屋组成。炮楼分别位于东北角和西南角。东北角炮楼高五层，平面呈长方形，天台女儿墙方筒式，四面开窗，拖屋斗廊齐头三间两廊结构，檐口饰人物、花鸟等。西南角炮楼高三层，素瓦坡顶，四面开窗，拖屋为斗廊齐头三间两廊，脊饰博古。其他房屋以单间为主，硬山顶，三合土墙，整体保存一般。

吓四炮楼院

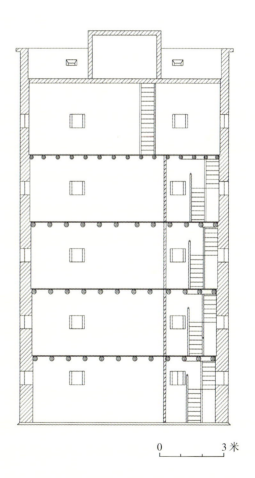

0　　　　3 米

吓四炮楼院炮楼 1 剖面图

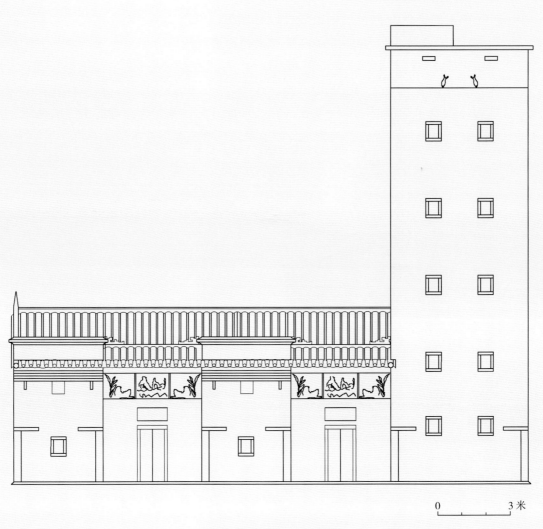

吓四炮楼院炮楼 1 立面图

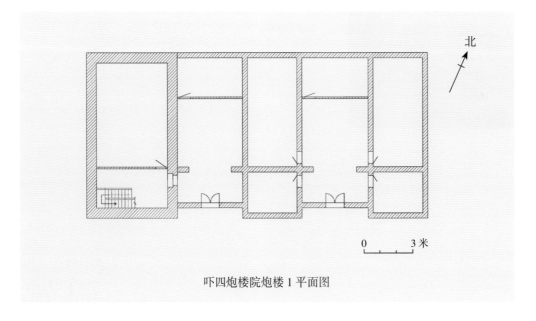

北

吓四炮楼院炮楼 1 平面图

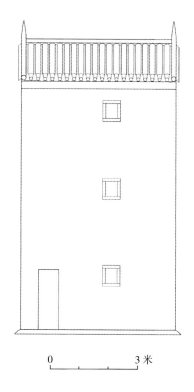

0 3米

吓四炮楼院炮楼 2 立面图

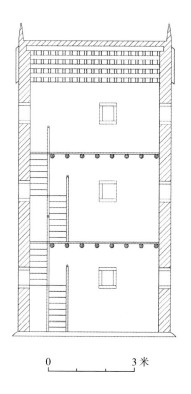

0 3米

吓四炮楼院炮楼 2 剖面图

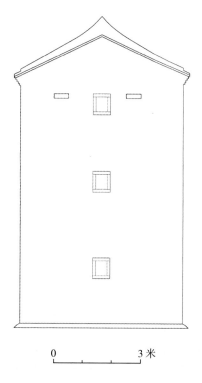

0 3米

吓四炮楼院炮楼 2 侧立面图

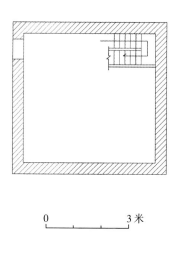

0 3米

吓四炮楼院炮楼 2 平面图

松元头炮楼院

　　位于龙岗区龙城街道回龙埔社区松元头村，坐西北朝东南，建筑占地面积约800平方米，清末至民国时期建筑。由两座炮楼拖四排屋组成。炮楼一位于东北角，高四层，平面呈长方形，天台女儿墙方筒式，顶饰蓝带，东南面开射击孔；炮楼二位于中间，素瓦坡式炮楼，高三层，平面呈长方形。拖屋为硬山三间两廊和斗廊齐头三间两廊，均用三合土砌墙而起，顶覆小青瓦。整体保存一般。

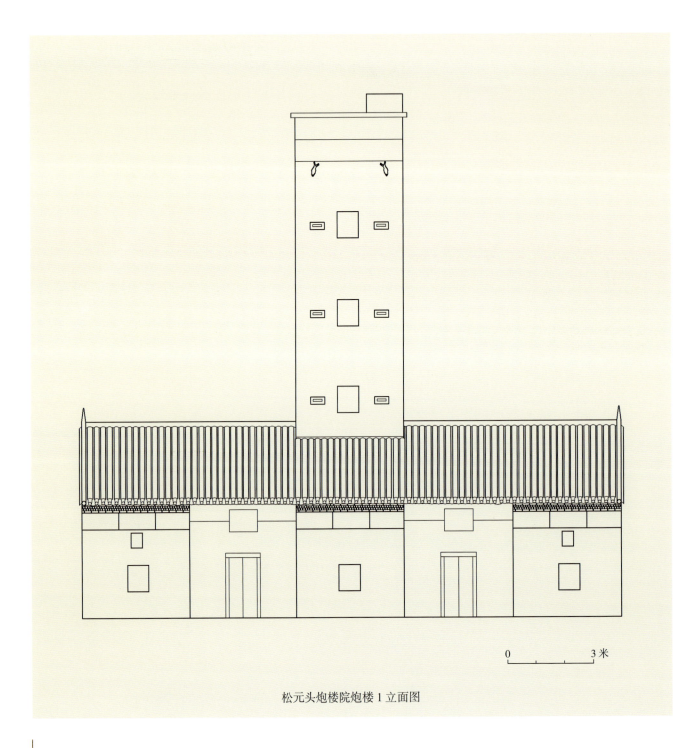

松元头炮楼院炮楼1立面图

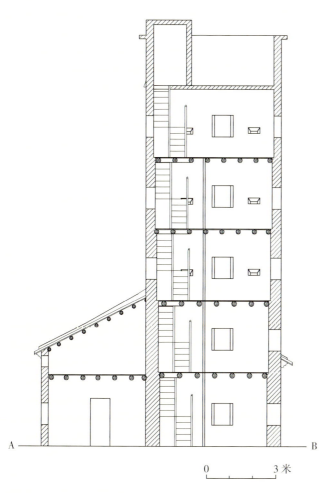

0 ———— 3 米

松元头炮楼院炮楼 1 剖面图

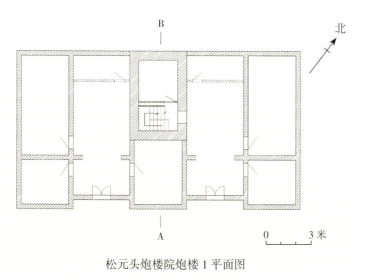

B

A

北

0 ———— 3 米

松元头炮楼院炮楼 1 平面图

松元头炮楼之一

松元头炮楼之二

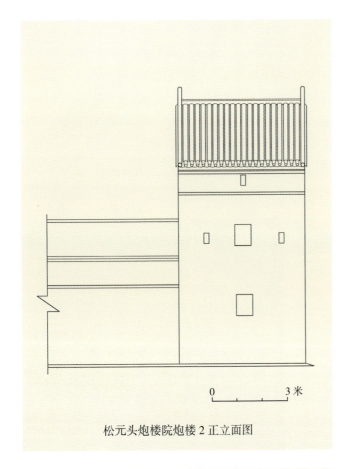

松元头炮楼院炮楼 2 正立面图

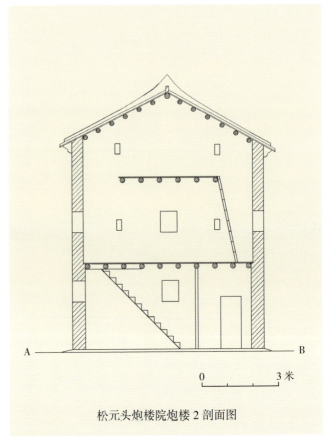

松元头炮楼院炮楼 2 剖面图

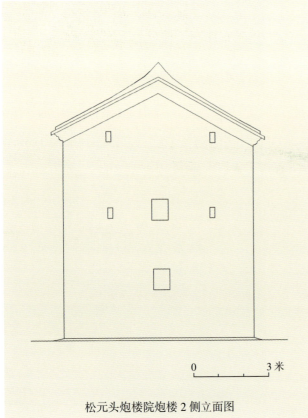

松元头炮楼院炮楼 2 侧立面图

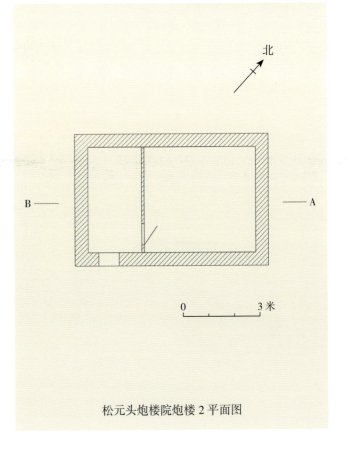

松元头炮楼院炮楼 2 平面图

老围老屋村炮楼

位于龙岗区龙城街道回龙埔社区老围村，坐东北朝西南，建筑占地面积约1366平方米，民国时期建筑。由三排房屋和炮楼组成。炮楼位于东南角，高四层，平面呈方形，天台女儿墙方筒式，顶饰蓝带，四面开有小窗。西北角房屋五开间，伊斯兰风格。大门上部山墙饰精美灰塑，檐口饰花鸟、山水壁画，齐头三间两廊结构，三合土墙，硬山顶，整体保存一般。除风水塘已不存外，其他建筑保存较完整。总体结构基本保持原貌，房屋有部分腐蚀，前排房屋壁画木雕精美。

老围老屋村炮楼院

璇庆新居

位于龙岗区龙岗街道龙东社区沙背坜村，正门朝南，通面阔55米，进深40米，建筑占地面积约2200平方米，始建于1936年。整体布局为三堂两横带四角楼结构，现存两角楼。正面开三门，正门额书"璇庆新居"四字，祠堂为三进式，中堂梁架为穿斗式和抬梁式相结合，屋檐有木雕、灰雕。横屋高两层，砖木结构，硬山顶。角楼为炮楼建筑，高三层，顶部有灰塑，四面开有小窗和射击孔，整体保存尚可。璇庆新居是深圳现存客家围屋中装饰最为华丽的一座，其主体为惠州类型惠宝样式的一种，但正面门廊和檐口装饰都使用了西洋文化建筑风格纹样，花纹繁复，题材多样，室内装饰多用中国传统的檐口壁画和浮雕封檐板，形成了中西文化的强烈对比，是深圳境内独特的中西合璧客家围屋。

璇庆新居炮楼院

正门

木雕

鲤鱼吐珠

西埔新居

位于龙岗区龙城街道爱联社区西埔村，正门朝东偏北 35°，面阔 89 米，进深 48 米，建筑占地面积约 4300 平方米，清末时期建筑。土木结构。为三堂两横一围，倒座带角楼建筑布局，土石木结构，正面开三门，正门额书"西埔新居"。祠堂位于中轴线上，面阔三间三进，门额书"李氏宗祠"，檐口饰精美木雕，中堂梁架是抬梁式和穿斗式相结合。围内房屋分别为第一排斗廊齐头三间两廊，第二三四排为斗廊尖头三间两廊。炮楼仅存两座分别是东南角炮楼和西北角炮楼，东南角炮楼高四层，天台女儿墙方筒式，顶饰蓝带，平面呈长方形，顶层四面开射击孔；西北角炮楼高四层，平面呈方形，女儿墙山墙混合式，顶饰蓝红相间带，原有的望楼已倒。整体结构布局尚存。除望楼倒塌和西南角楼倒塌外，其它房屋尚存。

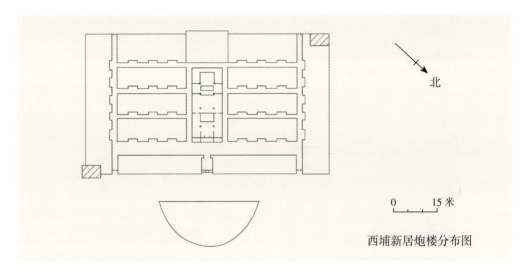

西埔新居炮楼分布图

西埔新居东南角炮楼

西埔新居西北角炮楼

西埔新居炮楼全景

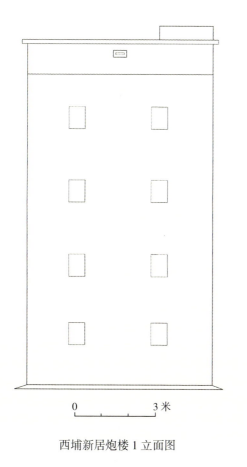

西埔新居炮楼 1 立面图

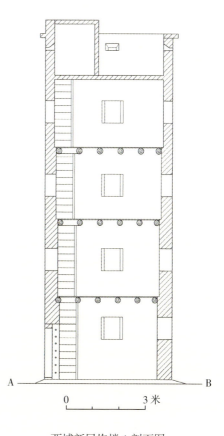

西埔新居炮楼 1 剖面图

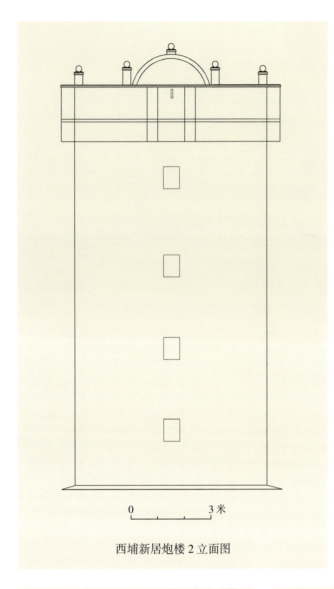

西埔新居炮楼 2 立面图

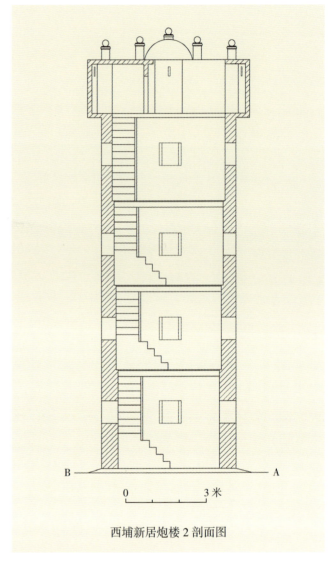

西埔新居炮楼 2 剖面图

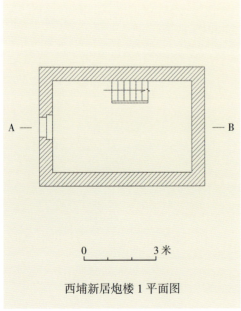

西埔新居炮楼 1 平面图

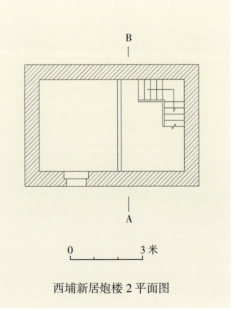

西埔新居炮楼 2 平面图

第八节　坪地街道

坪地街道此次普查共发现了9座炮楼。其中单体炮楼1座,炮楼院有3座,包含在客家围中的炮楼5座。其中素瓦坡顶炮楼1座、瓦坡顶加建女儿墙1座;天台女儿墙式4座、天台山墙栏墙混合式3座。9座炮楼均开窗及射击孔,射击孔以横长方形居多。有3座女儿墙式炮楼饰锦鲤吐珠排水口,天台式炮楼均有装饰。高度以三层、四层为多。

年丰邓氏炮楼

位于龙岗区坪地街道年丰社区矮岗村居民小组,朝向东偏南40°,面阔38米,进深16米,建筑占地面积约608平方米,清代时期建筑。一炮楼拖两排屋组成。炮楼位于宗祠建筑北面,高三层,天台女儿墙方筒式。前有禾坪和月池,墙体为夯土和泥砖构成,当心间为邓氏宗祠,两进一天井结构,正门上有"邓氏宗祠"四个大字,砖木结构,灰瓦顶,是一处清代四角楼围屋。整体保存较差。

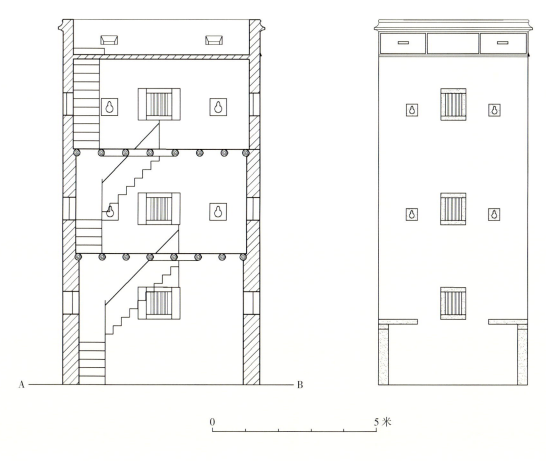

0   5 米

年丰邓氏炮楼剖面、侧立面图.

年丰邓氏炮楼全景

年丰邓氏炮楼

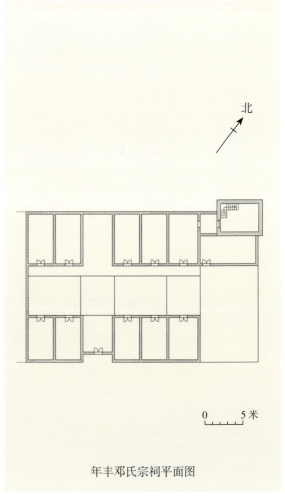

年丰邓氏宗祠平面图

坪西萧氏炮楼

位于龙岗区坪地街道坪西社区新屋场居民小组（泮浪世居后边），坐西朝东，面阔 4 米，进深 5 米，建筑占地面积约 20 平方米，民国时期建筑。一炮楼拖一排屋组成，炮楼底部呈长方形，天台女儿墙方筒式，炮楼高三层，墙上有长方形枪眼，夯土墙，木梁架，是一座民国时期典型建筑。整体保存较好。

坪西萧氏炮楼全景

坪西萧氏炮楼

坪西萧氏炮楼及拖屋

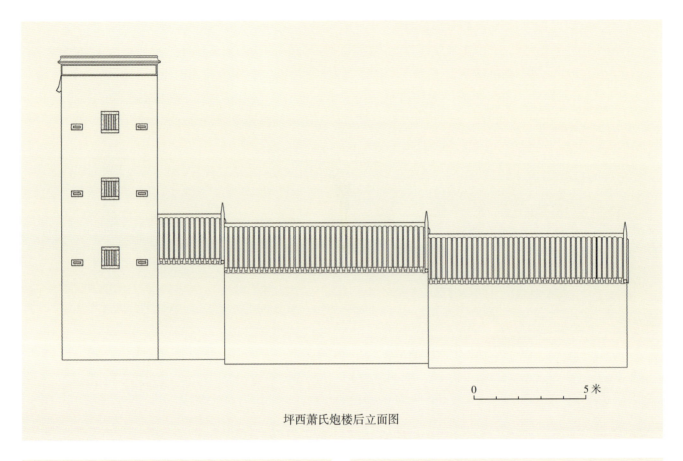

坪西萧氏炮楼后立面图

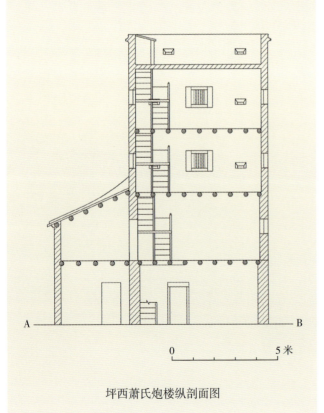

坪西萧氏炮楼纵剖面图

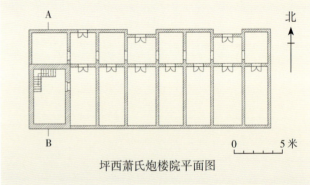

坪西萧氏炮楼院平面图

壁画

香元萧氏炮楼院

位于龙岗区坪地街道坪西社区香元居民小组，朝东偏北 45°，面阔 36 米，进深 10 米，民国时期建筑。平面布局为四门九开间两进结构，侧边上有一座四层高的炮楼，天台栏墙方筒式，夯土墙，木梁架，灰瓦顶。整体保存一般。

萧氏炮楼与拖屋

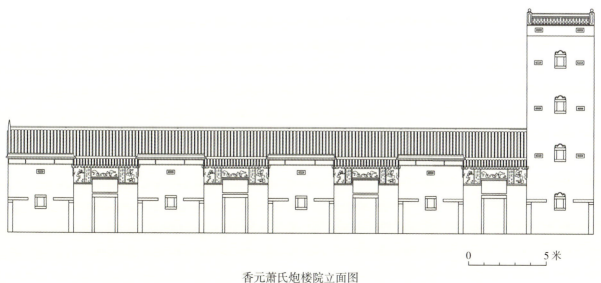

0　　　　　5 米

香元萧氏炮楼院立面图

窗

香元萧氏炮楼近景

壁画

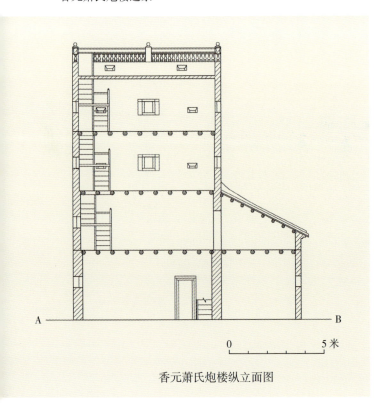

香元萧氏炮楼纵立面图

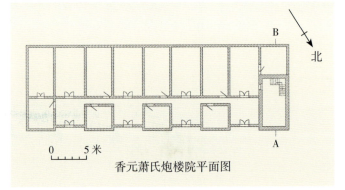

香元萧氏炮楼院平面图

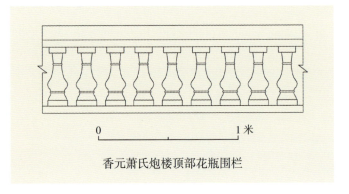

香元萧氏炮楼顶部花瓶围栏

坪西八群堂

位于龙岗区坪地街道坪西社区沃头居民小组，坐东北朝西南，面阔 52 米，进深 40 米，建筑占地面积约 2080 平方米，建于民国二十一年（1932 年）。斯里兰卡华侨萧毓阄所建。面开三大门，平面为客家式围屋布局，两边带炮楼，墙上有长方形枪眼，高五层，东炮楼顶层外观为哥特式风格，西炮楼顶层外观为巴洛克式风格；围内还有典型的广府式民居建筑，多为民国时期修缮，夯土墙，木梁架，灰瓦面；后堂是中西合璧式建筑，五开间带廊柱两层结构，面阔 21.5 米，进深 14.6 米，钢筋混凝土结构；该围屋是一处中西合璧式的带角楼性质的客家围屋民居建筑，角楼建成炮楼样式。整体保存一般。

坪西八群堂炮楼院全景

坪西八群堂正面

坪西八群堂炮楼一全景

坪西八群堂炮楼一

坪西八群堂西北角炮楼顶部铳斗、围栏

坪西八群堂炮楼一山墙

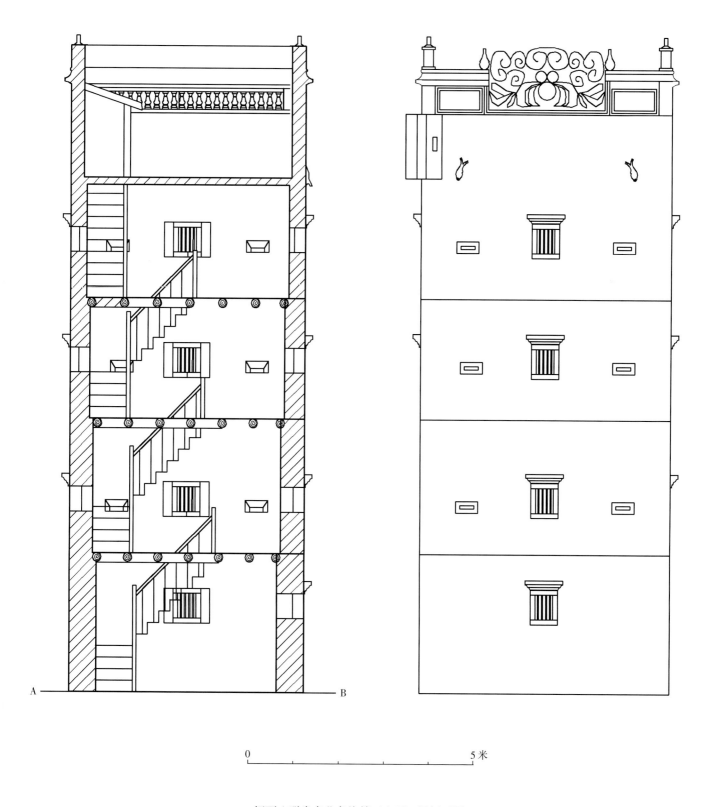

A ——————————————————————— B

0　　　　　　　　　　　　　5 米

坪西八群堂东北角炮楼正立面、纵剖面图

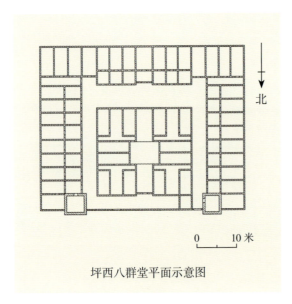

坪西八群堂平面示意图

0　　　10米

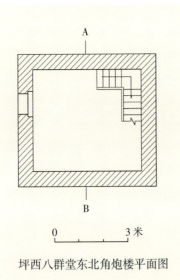

坪西八群堂东北角炮楼平面图

0　　　3米

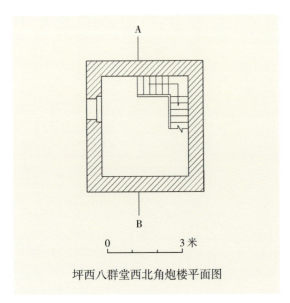

坪西八群堂西北角炮楼平面图

0　　　3米

坪西八群堂炮楼二全景

坪西八群堂炮楼二山墙栏墙

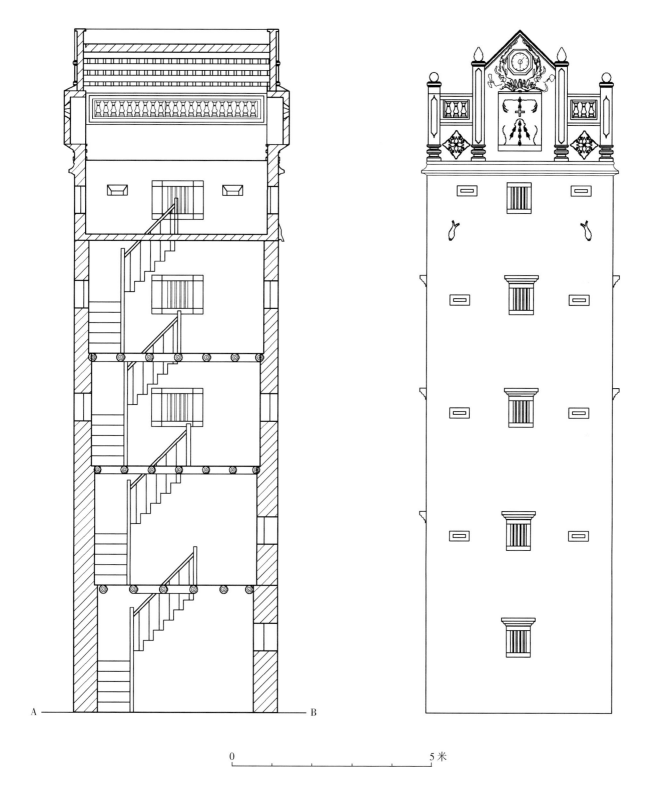

A   B

0   5 米

坪西八群堂西北角炮楼正立面、纵剖面图

新桥世居

位于龙岗区坪地街道坪西社区高桥居民小组，朝向东偏南20°，面阔64米，进深40米，建筑占地面积约2560平方米，清代时期建筑。平面布局为三堂四横四角楼结构，前有禾坪和月池等，正门上有"新桥世居"匾额，角楼高四层，当心间为萧氏宗祠，后堂神龛有对联"系接揭阳先祖源流远，谱传坪地后人世业长"，横批"承启堂"。围屋为夯土墙，木梁架，尖山式灰瓦顶，是一处清代大型客家围屋。炮楼位于围屋东北，应为民国时期加建，高五层，瓦坡顶加建天台女儿墙，顶饰蓝带。整体格局保存尚好，梁架、基础、墙体、柱础等构件完好，外墙风化，部分濒危，坍塌部分已新建现代楼房。

新桥世居炮楼

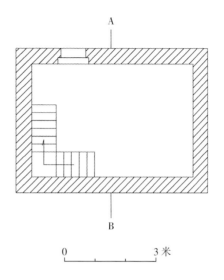

新桥世居炮楼平面图

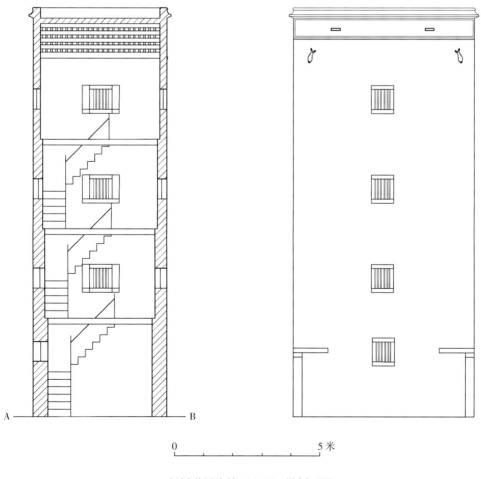

新桥世居炮楼正立面、纵剖面图

第九节　坪山街道

　　坪山街道共登记炮楼 27 座。其中单独炮楼 3 座，炮楼院 20 座，包含在古村落中的 1 座，包含在客家围中的 3 座；素瓦坡式 5 座，瓦坡腰檐式 16 座，天台女儿墙式 6 座。炮楼均开窗，有 2 座未开射击孔。天台式炮楼有 3 座开锦鲤吐珠排水口，炮楼多有装饰。

　　坪山街道是瓦坡腰檐式炮楼分布最密集的地区。

石井何氏炮楼院

　　位于坪山新区坪山街道石井社区李屋村何氏宗祠西侧，朝向东偏南 45°，面阔 10 米，进深 10 米，建筑占地面积约 100 平方米，清代时期建筑。一炮楼一院落组成。平面布局为两进一天井，土木结构，炮楼高三层，瓦坡腰檐式，墙上有葫芦形和扁平石枪眼，灰瓦顶，是一座传统的客家炮楼院民居。现整体保存一般。

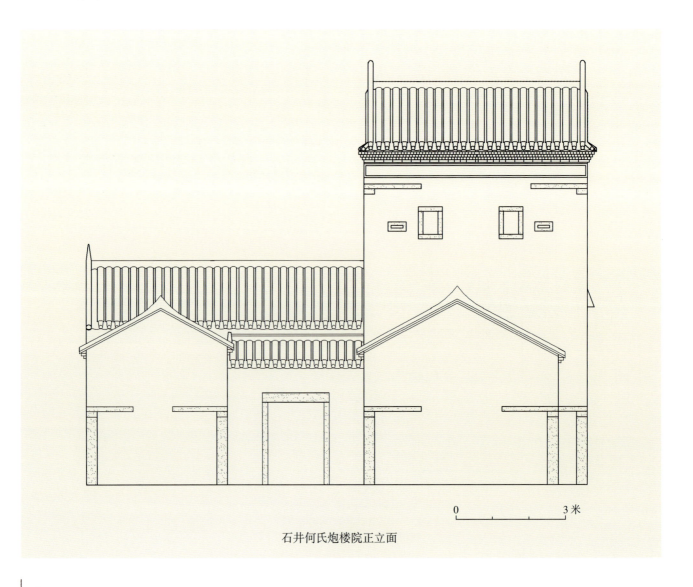

0　　　　　3 米

石井何氏炮楼院正立面

石井何氏炮楼院全景

炮楼侧面

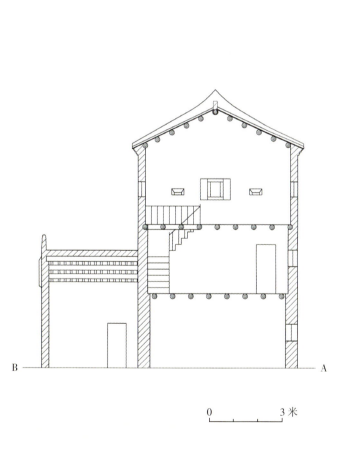

石井何氏炮楼院纵剖面图

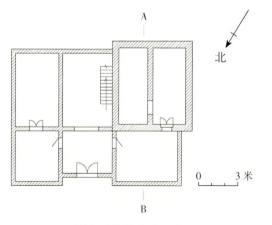

石井何氏炮楼院平面图

石井黄氏炮楼院

位于坪山新区坪山街道石井社区谢陂居民小组，朝向西偏南 25°，面阔 16 米，进深 36 米，建筑占地面积约 576 平方米，由四排屋组成，各排为独立单元，砖木结构，灰瓦顶，东北角上有一炮楼，炮楼高三层，天台女儿墙方筒式，墙上有长方形和葫芦形石枪眼，是一座民国时期传统炮楼院建筑。房屋基础、墙体等保存尚好，外墙风化严重。

石井黄氏炮楼院

石井黄氏炮楼

窗及射击孔

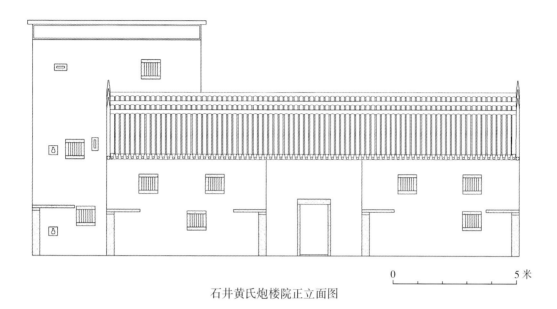

石井黄氏炮楼院正立面图

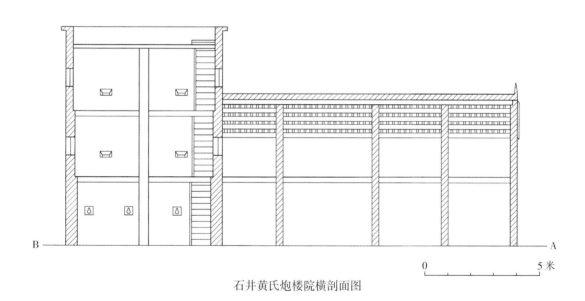

石井黄氏炮楼院横剖面图

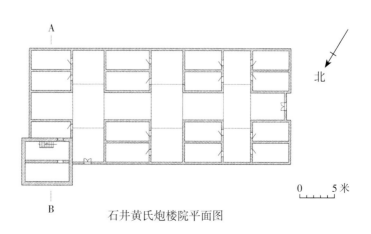

石井黄氏炮楼院平面图

竹坑骆氏炮楼院

位于坪山新区坪山街道竹坑社区三栋村居民小组，朝向西偏北40°，面阔20米，进深9米，建筑占地面积约180平方米，民国时期建筑。一座天井院带一座炮楼组成，平面布局为五开间两进，砖木结构，炮楼高三层，瓦坡腰檐式，长方形枪眼，有蝙蝠图案的壁画，尖山式灰瓦顶，是一处民国时期传统民居建筑。现整体保存较好。

竹坑骆氏炮楼

瓦坡顶

拖屋

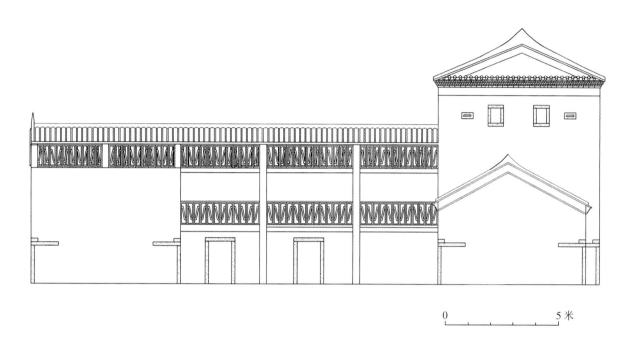

竹坑骆氏炮楼院正立面图

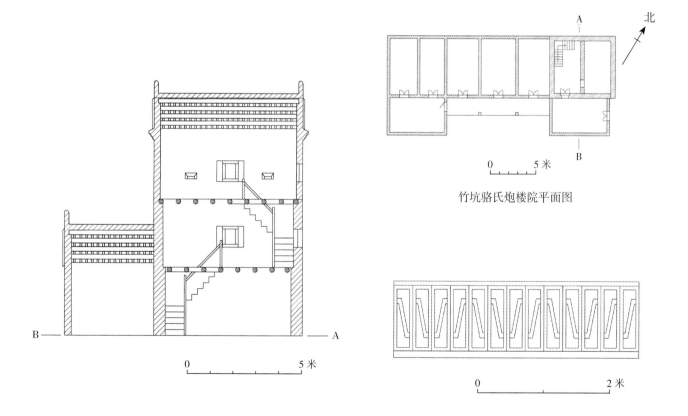

竹坑骆氏炮楼院纵剖面图

竹坑骆氏炮楼院平面图

竹坑骆氏炮楼院拖屋前檐护栏

江岭曾氏炮楼院

位于坪山新区坪山街道江岭社区龙背居民小组（东纵路北侧），坐南朝北，面阔28米，进深12米，建筑占地面积约372平方米，民国十二年（1923年）建筑。为两门七开间结构，一座天井院和一座炮楼组成，炮楼高四层，瓦坡腰檐式，砖木结构，尖山式灰瓦顶，正门檐下壁画保存完好，是一处民国时期典型传统民居建筑。整体保存完好。房屋基础、墙体保存完好，外墙风化，结构稳定，壁画和灰塑保存尚好。

江岭曾氏炮楼院全景

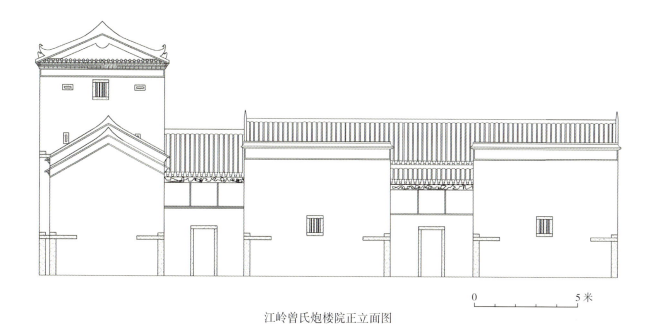

江岭曾氏炮楼院正立面图

0　　　　　　　5 米

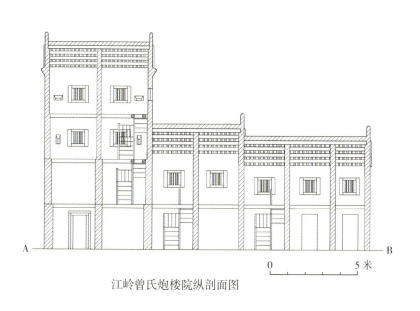

江岭曾氏炮楼院纵剖面图

0　　　　5 米

A

B

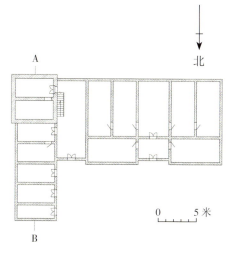

北

江岭曾氏炮楼院平面图

0　　　　5 米

壁画

壁画题记

瓦坡顶

山花灰塑

炮楼侧面

江岭沈氏炮楼

位于坪山新区坪山街道江岭社区远香居民小组，又名"沈氏宗祠"，"香园世居"。朝向东偏北40°，面阔50米，进深30米，建筑占地面积约1500平方米，清代时期建筑。平面布局为三堂两横结构，前有禾坪和半月池，正面有"香园世居"和"沈氏宗祠"两门，角楼高两层，砖木结构，灰瓦顶，是一处小型客家围屋。民国时期又扩建炮楼院，炮楼高三层，砖木结构，尖山式灰瓦顶，船形屋脊。现整体保存较好。

江岭沈氏炮楼全景

江岭沈氏炮楼之一

江岭沈氏炮楼之二

0　　　　　3米

江岭沈氏炮楼正立面图

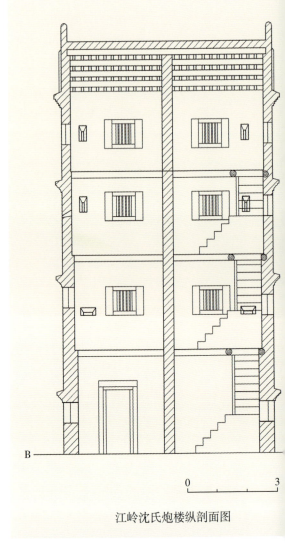

0　　　　3

江岭沈氏炮楼纵剖面图

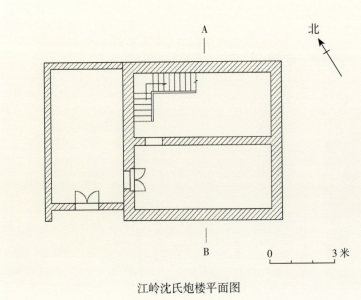

江岭沈氏炮楼平面图

瓦坡顶近景

沙墩廖氏炮楼院

位于坪山新区坪山街道沙墩社区清草林居民小组清草村 17 号，朝向南偏东 15°，面阔 18 米，进深 11 米，建筑占地面积约 198 平方米，清代时期建筑。一座天井院落带一座炮楼组成，炮楼高四层，砖木结构，瓦坡腰檐式，尖山式灰瓦顶，是一处清代晚期典型客家民居。现整体保存较好。

沙墩廖氏炮楼院

炮楼侧面

沙墩廖氏炮楼院山墙射击孔

沙墩廖氏炮楼院瓦坡顶局部

沙壆陈氏炮楼院

位于坪山新区坪山街道沙壆社区陈屋村新华街 18 号旁,朝向北偏东 20°,面阔 34 米,进深 11 米,建筑占地面积约 374 平方米,民国时期建筑。面开两大门五开间两进结构,西面有一座炮楼,炮楼高四层,瓦坡腰檐式,砖木结构,尖山式灰瓦顶,是一处典型民国时期的民居建筑。整体格局完好,外墙风化,房屋基础、墙体等结构稳定。

沙壆陈氏炮楼全景

壁画

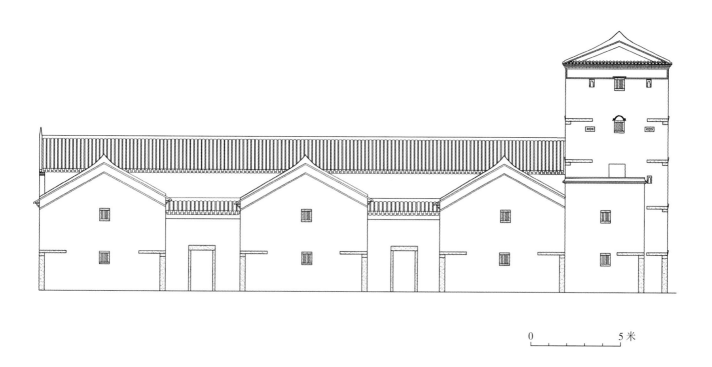

0   5 米

沙壆陈氏炮楼院正立面图

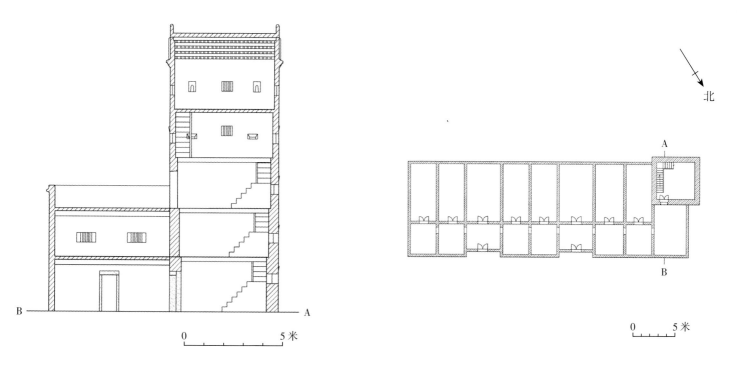

北

0   5 米

沙壆陈氏炮楼纵剖面图　　　　　　　　　　　沙壆陈氏炮楼排屋平面图

丰田黄氏炮楼院

位于坪山新区坪山街道六联社区丰田居民小组丰田世居西侧，坐北朝南，面阔 9 米，进深 16 米，建筑占地面积约 150 平方米，民国庚午年（1930 年）建筑。一炮楼一院落组成，炮楼高四层，砖木结构，瓦坡腰檐式，尖山式灰瓦顶，各层开窗及横长方形射击孔。门额上有"居仁由义"灰塑，并有建成年款"庚午年"，是典型的民国时期客家炮楼院民居建筑。现整体保存较好。

丰田黄氏炮楼院

炮楼与古井

炮楼与拖屋

壁画及题记

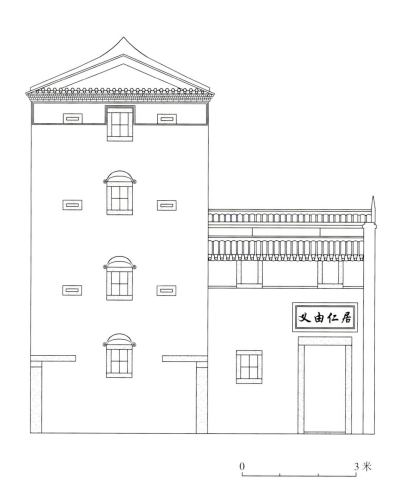

丰田黄氏炮楼院正立面图

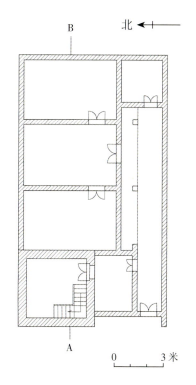

丰田黄氏炮楼院平面图

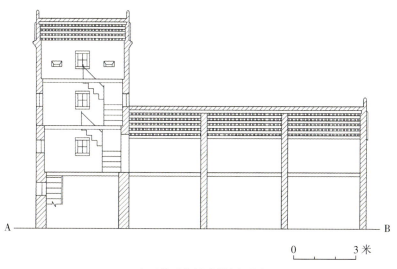

丰田黄氏炮楼院纵剖面图

汤坑林氏炮楼院

位于坪山新区坪山街道汤坑社区汤星居民小组，坐东北朝西南，面阔 10 米，进深 9 米，建筑占地面积约 90 平方米，民国时期建筑。一座天井院带一座炮楼组成，平面布局为三开间两进结构，炮楼高三层，各层开窗及横竖形射击孔。瓦坡腰檐式，砖木结构，尖山式灰瓦顶。建筑整体格局完好，结构稳定。

汤坑林氏炮楼院近景

汤坑林氏炮楼院全景

石楼世居炮楼

位于坪山新区坪山街道汤坑社区石楼围居民小组，朝向东偏南35°，面阔26米，进深30米，建筑占地面积约780平方米，清代时期建筑。前有风水池塘，三排屋结构，左右转斗门进入为天街，当心间为罗氏"锦堂公祠"，一边转斗门额有"石楼世居"石匾，另一边有"民康物阜"。围屋墙体为夯土筑成，木梁架，灰瓦顶，是一处始建于清代的客家围屋。炮楼高四层，瓦坡顶加建天台女儿墙方筒式。各层均开窗及条形射击孔。现整体保存一般。

石楼世居炮楼全景

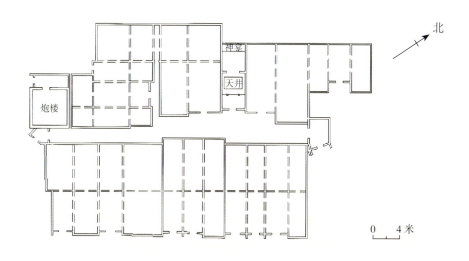

石楼世居炮楼分布图

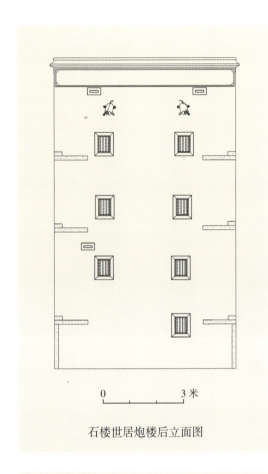

石楼世居炮楼后立面图

0　　　　3米

龟形排水口

窗及射击孔

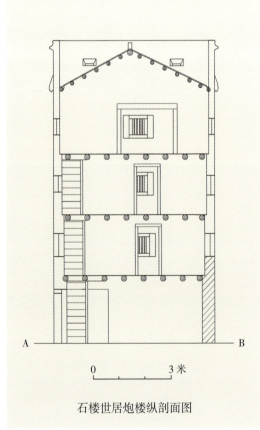

石楼世居炮楼纵剖面图

0　　　　3米

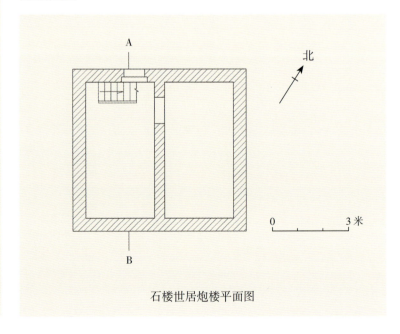

石楼世居炮楼平面图

0　　　　3米

北

第十节　坑梓街道

坑梓街道共登记炮楼 11 座，均为炮楼院。其中 5 座瓦坡腰檐式，1 座为瓦坡顶加建女儿墙，4 座为天台女儿墙式，1 座为天台山墙式。炮楼均开窗，有 2 座未开射击孔。有 1 座饰锦鲤吐珠排水口，8 座有装饰。

昌记号

位于坪山新区坑梓街道金沙社区长隆世居旁，坐东北朝西南，西偏南 15°，面阔 50 米，进深 30 米，建筑占地面积约 1500 平方米，民国三年（1914 年）时期建筑。由两排 11 开间的排屋前后排列组成，中间为天井。主体建筑为砖木结构，大门上的木雕和门楣上的壁画保存较好，有"甲寅年绘"年款，是清代大型客家围屋转向小型围屋的典型代表。炮楼天台女儿墙方筒式，高两层，整体保存较差。

秀新黄氏炮楼院

位于坪山新区坑梓街道秀新社区（国道 S356 深汕公路旁），坐西北朝东南，方向南偏东 15°，面阔 11.5 米，进深 14 米，建筑占地面积约 161 平方米，清代末期建筑。一炮楼带一院落组成。炮楼高四层，瓦坡腰檐式，墙上有长方形石枪眼，土木结构，灰瓦顶，是典型的客家炮楼院建筑，整体保存较好。

秀新黄氏炮楼院

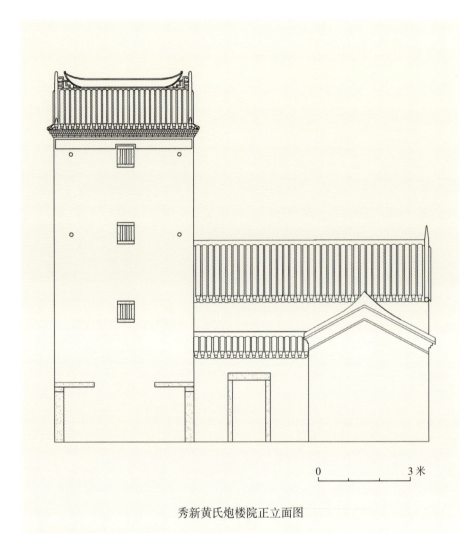

秀新黄氏炮楼院正立面图

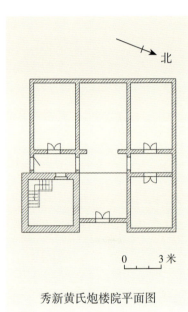

秀新黄氏炮楼院平面图

秀新黄氏炮楼院剖面图

秀新黄氏炮楼近景

秀新黄氏炮楼

位于坪山新区坑梓街道秀新社区城外老村，坐西北朝东南，东偏南 45°，建筑占地面积约 50 平方米，民国时期建筑。一炮楼拖一屋组成，炮楼高四层，瓦坡顶加建女儿墙，墙上有长方形石枪眼，带有南洋风貌的建筑构件，为土木结构，是一座民国时期的传统建筑。整体保存完整。

秀新黄氏炮楼

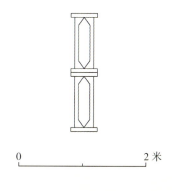

0　　　　　3 米

秀新黄氏炮楼纵剖面图

壁画

0　　　　　2 米

秀新黄氏炮楼院方形下水管

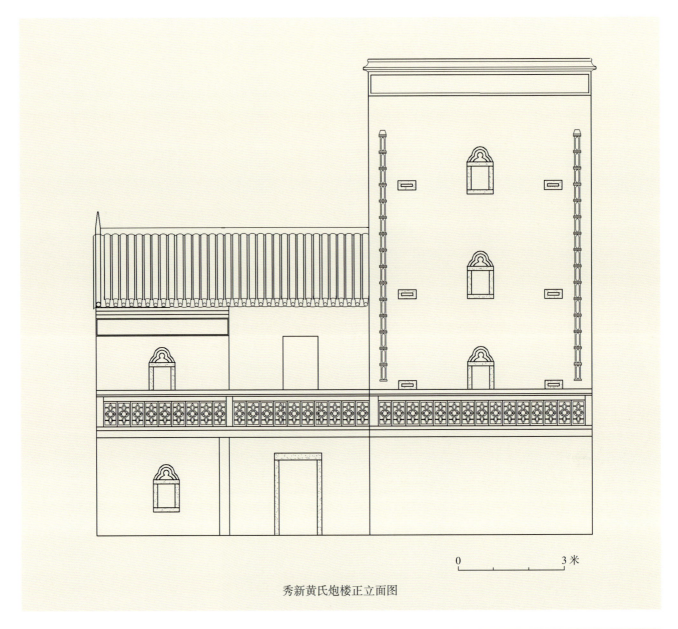

秀新黄氏炮楼正立面图

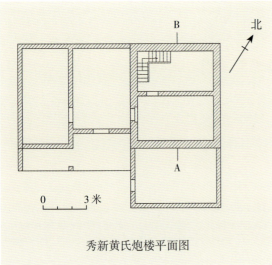

秀新黄氏炮楼平面图

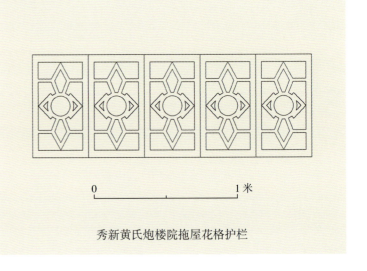

秀新黄氏炮楼院拖屋花格护栏

秀新城外黄氏炮楼院

位于坪山新区坑梓街道秀新社区城外老村，坐西北朝东南，东偏南30°，面阔22米，进深14米，建筑占地面积约308平方米，民国时期建筑。由两座炮楼加两排屋院落组成，炮楼高三层，瓦坡腰檐式，墙上有长方形和葫芦形的石枪眼，主体建筑为土木结构，尖山式灰瓦顶，整体保存较好，是比较典型的炮楼院建筑。

秀新城外黄氏炮楼院全景

祠堂木雕

廊厅壁画

黄氏"霭庐"炮楼

位于坪山新区坑梓街道龙田社区大水湾居民小组，坐北朝南，面阔 15 米，进深 19 米，建筑面积约 285 平方米，民国时期建筑。由三开间两进一天井带有一炮楼组成的民居，炮楼高四层，天台女儿墙方筒式，带有南洋风格特色，门额上有"霭庐"匾题，主要为砖木结构，灰瓦顶，是一处具有代表性的民国时期的炮楼院建筑，整体保存完好。

黄氏"霭庐"炮楼

黄氏"霭庐"炮楼窗

窗罩花

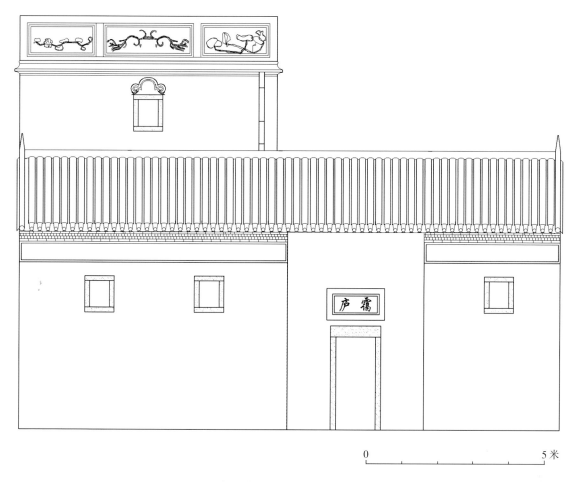

龙田黄氏霭庐炮楼正立面图

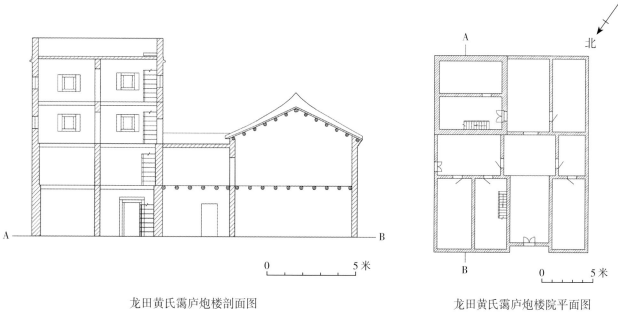

龙田黄氏霭庐炮楼剖面图

龙田黄氏霭庐炮楼院平面图

黄氏炮楼院

位于坪山新区坑梓街道龙田社区大水湾居民小组，坐北朝南，面阔 11 米，进深 12 米，建筑占地面积约 132 平方米，建于清代晚期。一炮楼带一院落组成，炮楼高三层，为砖木结构，瓦坡腰檐式，尖山式灰瓦顶，是一处典型的传统民居建筑，现整体保存一般。

黄氏炮楼院全景

黄氏炮楼院

屏风木雕

"尚南大道"炮楼院

位于坪山新区坑梓街道坑梓社区沙梨园居民小组龙围世居北侧，坐北朝南，面阔 26 米、进深 20 米，建筑占地面积约 500 平方米，民国时期建筑。一座炮楼加一院落式结构组成，主体建筑为砖木结构，灰瓦顶，炮楼高四层，天台山墙式，炮楼有多处精美灰塑，顶上塑有"尚南大道"四个大字，中间有个五角星，是一处典型的民国时期传统民居建筑。整体保存较好。

"尚南大道"炮楼

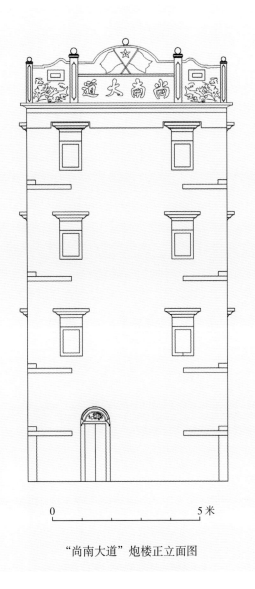

"尚南大道"炮楼正立面图

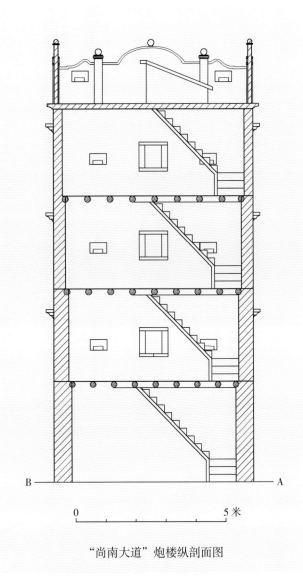

"尚南大道"炮楼纵剖面图

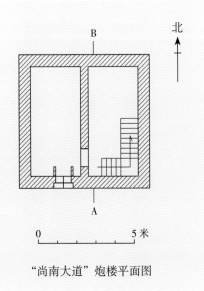

"尚南大道"炮楼平面图

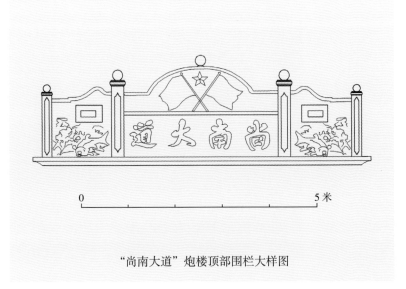

"尚南大道"炮楼顶部围栏大样图

"尚南大道"炮楼顶部山墙

山墙灰塑

第十一节　葵涌街道

　　葵涌街道共发现炮楼3座。其中2座为瓦坡锅耳山墙式炮楼建筑。另有1座是素瓦坡式，即坝光蓝氏宅，未发现有射击孔，且该楼一半为露台民居。

新二村炮楼

　　位于龙岗区葵涌街道葵新社区新二居民小组（金葵中路旁），朝向南偏东10°，面阔9米，进深4.2米，建筑占地面积约37平方米，民国时期建筑。高三层，花岗岩条石基座，砖木结构，有圆形、方形和葫芦形枪眼多处，楼顶两边有封火墙，瓦坡锅耳山墙式，前后瓦面上又加建船形屋脊，是民国时期新二村防卫建筑，现整体保存完好。

新二村炮楼

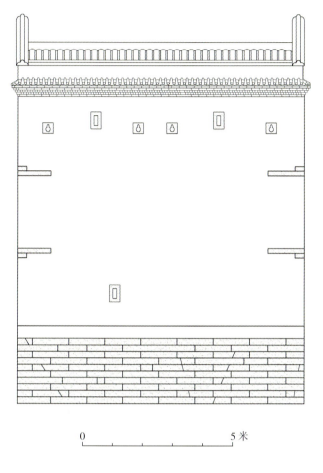

0　　　　　　　　5 米

新二村炮楼正立面图

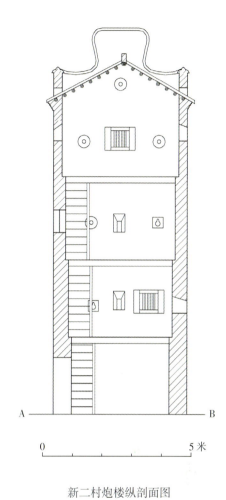

0　　　　　　　　5 米

新二村炮楼纵剖面图

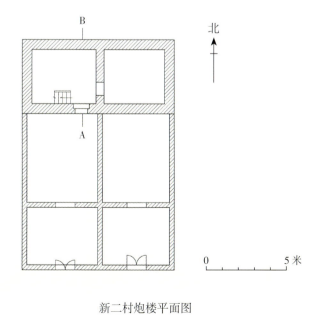

北

0　　　　　　5 米

新二村炮楼平面图

射击孔

葵丰李氏炮楼

位于龙岗区葵涌街道葵丰社区石场村丰树山路旁，朝南偏西25°，面阔9米，进深8米，建筑占地面积约72平方米，民国时期建筑。底面为长方形，高四层，砖木结构，灰瓦顶，瓦坡锅耳山墙方筒式，楼顶东西两边为"锅耳式"封火墙，前后在瓦面上加建女儿墙，女儿墙顶部加建船形脊。据了解，该炮楼为李氏华侨所建，原为一大围村的防卫设施建筑，现只存部分围墙与该炮楼，整体保存较好。

葵丰李氏炮楼全景

葵丰李氏炮楼锅耳山墙

窗饰

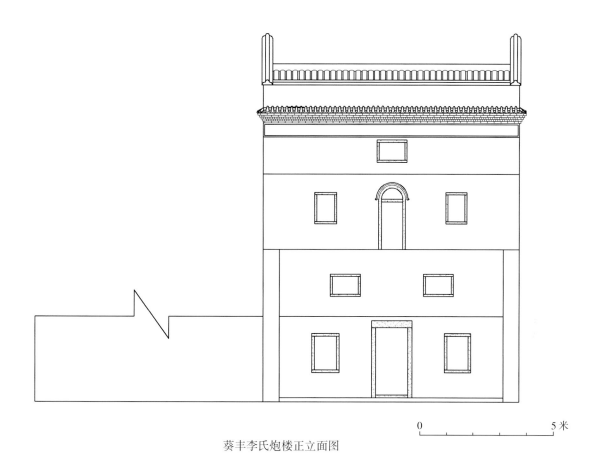

葵丰李氏炮楼正立面图

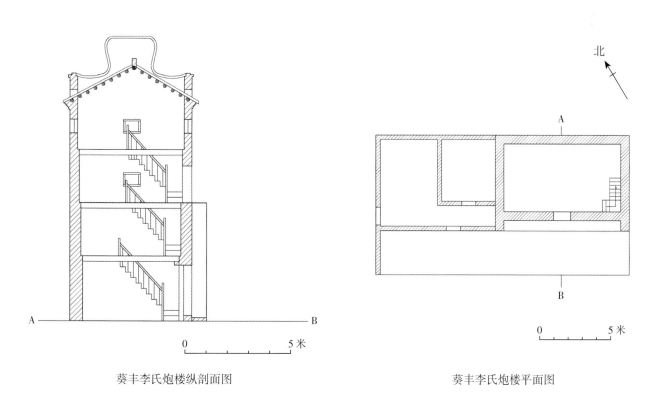

葵丰李氏炮楼纵剖面图　　　　　　　　葵丰李氏炮楼平面图

第十二节　大鹏街道

　　大鹏街道目前共调查登记有炮楼5座。其中单独炮楼建筑1座,炮楼院4座。素瓦坡式1座,天台女儿墙式2座,瓦坡顶加建女儿墙1座,瓦坡锅耳山墙1座。有2座炮楼共用一墙,似乎为子母楼。5座炮楼均开窗,有2座无射击孔。

王母叶氏炮楼院

　　位于龙岗区大鹏街道王母社区大鹏山庄出租屋059号(旧地名称"鸭母脚"),坐北朝南,面阔24米,进深11.5米,建筑占地面积约276平方米,民国时期建筑。一座天井院带一座炮楼组成,砖木结构,炮楼高三层,楼顶四周有女儿墙,属瓦坡顶加建女儿墙式,是民国时期华侨叶氏为抵御土匪所建,现整体保存较好。

王母叶氏炮楼院

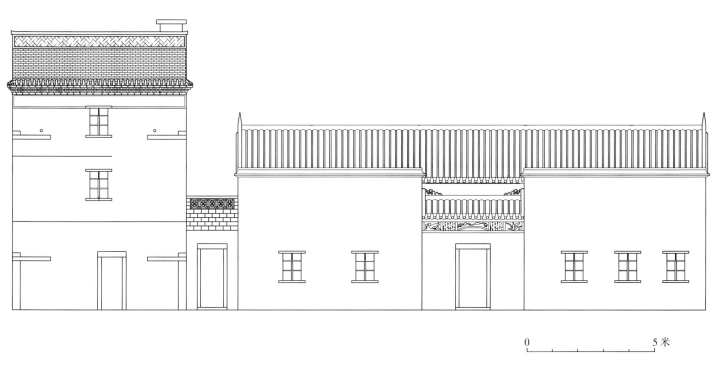

0   5 米

王母叶氏炮楼院正立面图

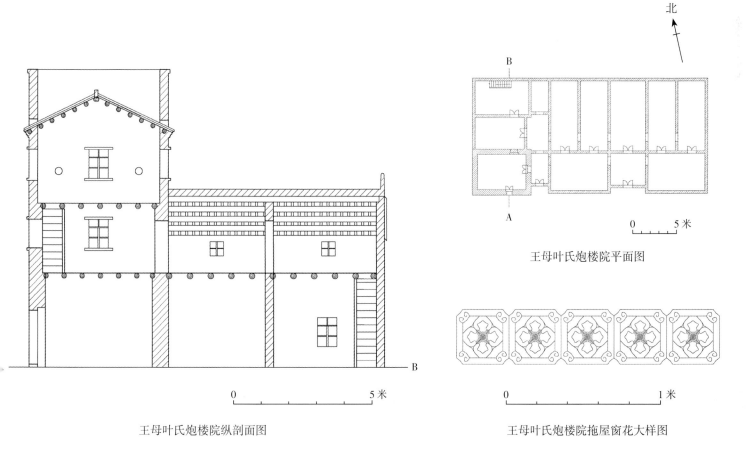

北

0   5 米

王母叶氏炮楼院平面图

王母叶氏炮楼院纵剖面图

0   5 米

0   1 米

王母叶氏炮楼院拖屋窗花大样图

王母郭氏炮楼院

位于龙岗区大鹏街道王母社区王母围村 52 号，朝南偏西 35°，面阔 10 米，进深 10.5 米，建筑占地面积约 105 平方米，一座连体炮楼加一天井院落式结构组成。砖木结构，灰瓦顶，炮楼高三层，其中主炮楼为素瓦坡式加建天台女儿墙式，墙上有长方形石枪眼，楼顶四周有女儿墙，并留有出水口。主炮楼前面有一座素瓦坡顶炮楼，前出檐，山面饰红色彩带。据壁画题记可知郭氏炮楼院建成年代不晚于 1911 年。

王母郭氏炮楼

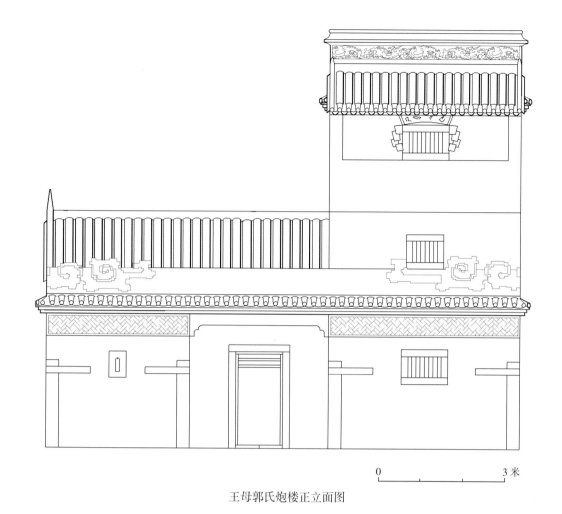

0   3米

王母郭氏炮楼正立面图

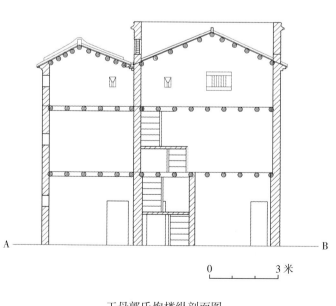

0   3米

王母郭氏炮楼纵剖面图

北

0   3米

王母郭氏炮楼平面图

王母陈氏炮楼

位于龙岗区大鹏街道王母社区王母围村53号，朝向南偏西35°，面阔3米，进深10米，建筑占地面积约21平方米，民国时期建筑。炮楼底部为长方形，砖木结构，瓦坡锅耳山墙式，前后有女儿墙，是民国时期典型防卫建筑。整体保存一般。

王母陈氏炮楼

王母陈氏炮楼锅耳山墙

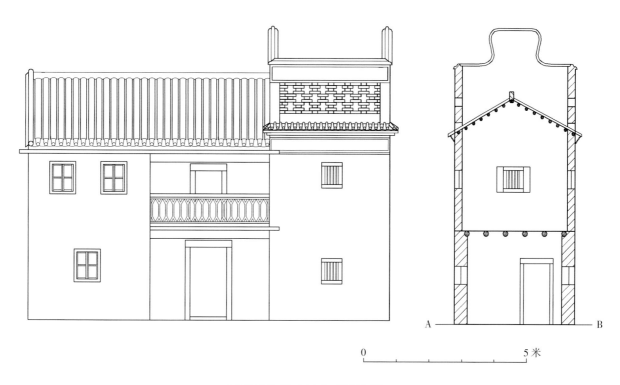

王母陈氏炮楼正立面、纵剖面图

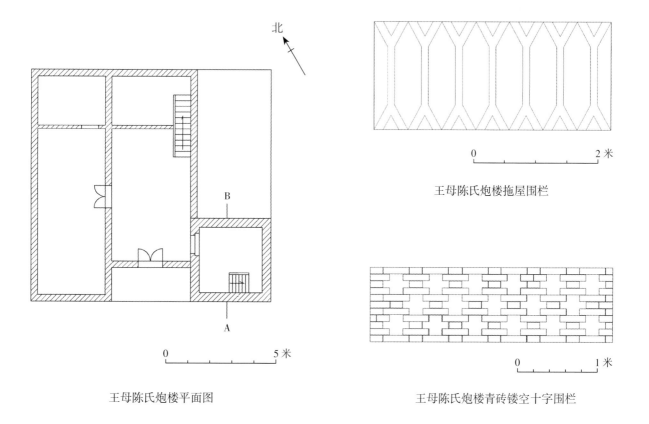

王母陈氏炮楼拖屋围栏

王母陈氏炮楼平面图

王母陈氏炮楼青砖镂空十字围栏

第十三节 南澳街道

南澳街道目前登记炮楼 2 座。一座为古村落的望楼，一座为炮楼院。

新大叶木桂炮楼

位于龙岗区南澳街道新大社区坪山仔居民小组，正门朝西偏北 25°，建筑占地面积约 30 平方米，清代时期建筑。建筑主体为砖木结构，底部呈长方形，高三层，楼顶设有女儿墙，为瓦坡顶加建女儿墙式，女儿墙四周中部有栏墙装饰。根据叶氏后人叙说，该炮楼为美国华侨叶木桂所建，后于民国时期加建一层，当时为该村制高点（可望海边），具有防卫功能。

新大叶木桂炮楼

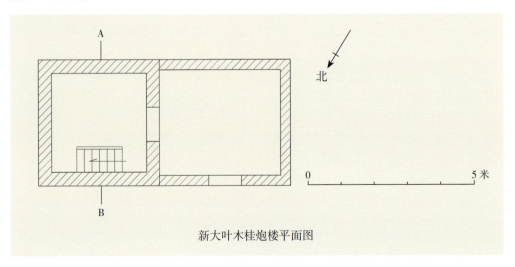

新大叶木桂炮楼平面图

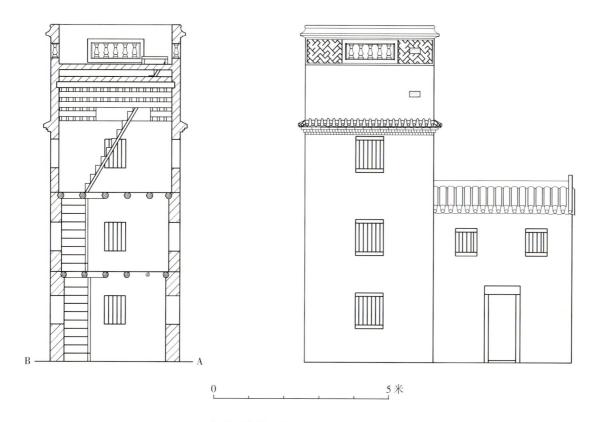

0　　　　　　　　5米

新大叶木桂炮楼正立面图、纵剖面图

新大叶木桂炮楼近景

沙岗村炮楼

　　位于龙岗区南澳街道西涌社区沙岗居民小组，坐西朝东，面阔3米，进深3米，建筑占地面积约9平方米，清代时期建筑。牌楼为沙岗村居民进出的主要通道，檐下有"沙岗村"石匾，旁边为望楼，楼高两层，素瓦坡式，由石块加黄泥沙浆砌成，主要为防卫放哨功能。现整体保存一般。

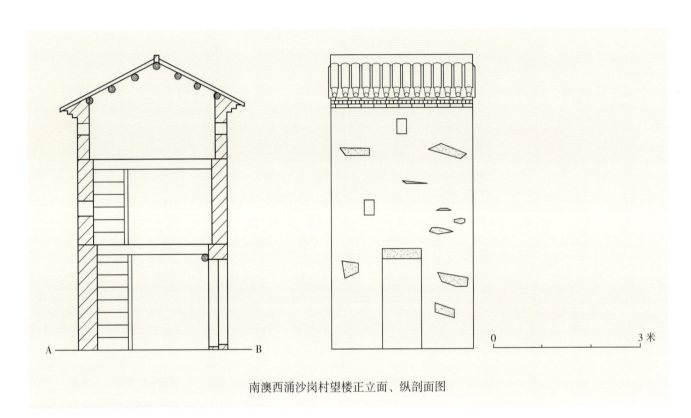

南澳西涌沙岗村望楼正立面、纵剖面图

沙岗村炮楼

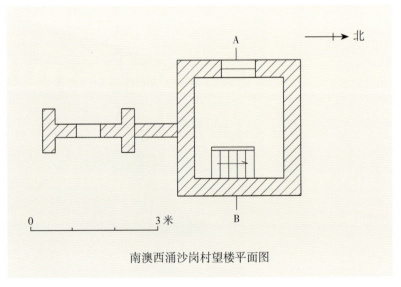

南澳西涌沙岗村望楼平面图

第三章 分类及特征

此次调查中，对炮楼这类民居建筑的分类及有关名词术语，基本上沿用了《深圳炮楼调查与研究》一书中对于炮楼的基本分类思路和命名，但又不拘泥于该研究已划定的型式。既不追求其繁复的分类模式与层次，但又遵循对客观对象基本的分类原则，借助于考古类型学的分类规则与要求，对龙岗区和坪山新区范围内已登记的炮楼建筑进行初步的分类、归纳与分析。

考古类型学是考古学理论的基本内容之一，也是判断考古遗存相对年代的基本手段和方法之一。用于研究遗迹和遗物的形态变化过程，找出其先后演变的规则，通过对考古遗存形态的对比来探求其变化规律、逻辑发展序列和相互关系。我们借助考古类型学的分类手段，将炮楼按照型式排比，把基本形制相同的划归一类，并确定他们的标准型式，然后按照型式的差异程度的递增或递减，排出一个"系列"，这个系列有可能更代表该类炮楼在时间上的演变过程，从而体现了它们之间的相对年代。

炮楼建筑在型式上的演变既有进化，也有退化，若能够确定所排出的系列中的最前端和最后端的绝对年代，对整个系列的断代将大有帮助。因此我们在调查过程中也特别关注每座炮楼建筑的建造年款、题记，或者是檐墙壁画中的题记和年款等年代线索，然后在这些年代内寻找内在变化的一些式别因素，力图建立起这样一个能把握住相对前端和相对后端的编年系列，对整个区域内的炮楼建筑编年体系有所帮助。

本地区目前保存的炮楼均为方筒形，其丰富的变化型式主要体现在炮楼顶部结构形态。鉴于炮楼顶部结构变化的因素较多、敏感度较强，又从易于把握和驾驭的角度出发将炮楼初步分为两大类：瓦坡顶、天台顶。

瓦坡顶又可划分为以下四种基本类型：

1. 素瓦坡，其特征为硬山瓦顶，山面无装饰。

2. 瓦坡带腰檐，其特征为假歇山瓦坡顶，在山面与檐口同一水平位置上叠涩砌出一假檐口，称之为腰檐。

3. 瓦坡顶带女儿墙，此类炮楼从整体结构来看，主体和顶部浑然一体。顶部为瓦坡顶，但瓦坡周遭为女儿墙包围，在外面看不到瓦顶而只见女儿墙，瓦坡结构遮掩在女儿墙之内，属于一次性建造而成，但有个别女儿墙属于后期改建或加建。

4. 瓦坡锅耳山墙，其特征是在瓦坡顶的两侧山面各加建一锅耳型山墙。

天台顶又可划分出以下五种基本类型：

1. 天台女儿墙，其特征是在天台顶上四周仅砌女儿墙。

2. 天台栏墙，其特征是在天台顶上四周砌以护栏或栏杆式围墙。

3. 天台山墙，其特征是在天台顶上四周或两侧砌以山墙样式。山墙有两侧山墙或四面山墙等。

4. 天台花墙，其特征是在天台顶上砌以花墙，类似于栏墙。

5. 混合型，主要由以上几种情况交错混搭，并受到外来因素影响组合而成。

第一节　炮楼分类与基本特点

在调查中我们发现目前现有街道行政区划的划定范围与本地区历史上的民系分布范围有一定的相似和吻合，同时又具有相对的独立性。因此我们仍然坚持以街道为单位予以分类和总结。在第二节中将综合讨论其区域特征。这样的梳理思路线条将更为明晰，有助于我们了解和理解本地区炮楼建筑的总体区域特征。

（一）平湖街道炮楼类型及特点

1. 无瓦坡顶炮楼。

2. 天台顶类型中，纯粹的女儿墙式占 9/14；其次为山墙、栏墙混合式占 4/14；花墙式 1/14。

3. 铳斗只分布在天台顶类型炮楼，据观察，在共存关系为炮楼拖屋或炮楼院式的组合中，炮楼多带有铳斗，且四边均有布置，数量为 4 个；相反，分布在村落中的炮楼，大多数无铳斗；个别有铳斗者，仅对角位置分布 2 个。

4. 射击孔（枪眼），以横向布置的长方形居多，仅石井头炮楼为哑铃型。

5. 排水口造型中，以锦鲤吐珠为多。

6. 顶部装饰中多见悬鱼包角，其中石井头炮楼、木古炮楼的铳斗形制也呈装饰化，分别为花篮、摆钟，及在铳斗上部饰蝙蝠，寓意洪福齐天。

7. 石井头炮楼与前进炮楼院属于混合式山墙，山墙较高，带有雨棚。

（二）布吉街道炮楼类型及特点

1. 本辖区内天台顶类型的炮楼占绝大多数，达 16/17，仅布吉老圩村里有一座素瓦坡式炮楼。

2. 天台顶类型中又以女儿墙式为主，达 13/16，二座山墙式，一座栏墙式。善集楼属于四面山墙式，四角带望柱。

3. 天台顶类型中，共存关系为炮楼拖屋或炮楼院的组合中，炮楼多带有铳斗，数量为 4 个或 2 个，2 个者多对角布置，且一般顶饰蓝带或红带，并饰有悬鱼包角纹样。坐落在老村落中的炮楼无铳斗者较多。

表1

平湖街道炮楼分类比较表

所在街道	编号	名称	天台顶			铳斗	窗	附件			共存关系		年代	高度	总面积(m²)	备注
			女儿墙	栏墙(花墙)	混合式			射击孔	排水口	装饰	炮楼院	村(围)				
平湖街道	1	石井头炮楼			✓	4	✓	哑铃形		摆钟、花篮、彩带式铳斗	✓		民国	高五层	270	铳斗装饰化(花篮、钟)
	2	大皇公老屋村炮楼	✓			4	✓	竖长方形		顶饰蓝带		✓	民国	高三层	1550	
	3	新闱仔炮楼院	✓			4	✓	横长方形	锦鲤吐珠	悬鱼包角蓝带、红带	✓		民国	高五层	291.2	天台女儿墙外收分式
	4	顺成炮楼	✓			4	✓	横长方形	锦鲤吐珠	"顺成""二字"	✓		民国	高四层	85.5	
	5	大松园老围炮楼	✓			2	✓	横长方形				✓	民国	高四层	5500	
	6	新木老屋村炮楼	✓				✓	横长方形		顶饰悬鱼包角蓝带		✓	清末	高四层	1300	
	7	木古炮楼院	✓			4	✓	横长方形	锦鲤吐珠	顶饰蓝带	✓		民国	高五层	550	铳斗装饰化(蝙蝠),中西元素
	8	上木古围炮楼1	✓					长方形、横长方形	锦鲤吐珠	顶饰悬鱼包角蓝带		✓	清代	高四层	2500	
	9	上木古围炮楼2			✓		✓	横长方形		十字镂孔花墙装饰	✓		清代	高三层	2500	
	10	山夏炮楼			✓		✓			山墙饰红色	✓		民国	高三层	84	
	11	鹅公岭大围炮楼1		✓			✓	横长方形	锦鲤吐珠			✓	民国	高三层	25000	花墙带腰檐
	12	鹅公岭大围炮楼2	✓				✓	横长方形	锦鲤吐珠			✓	清代	高四层	25000	女儿墙外出沿
	13	前进炮楼院			✓	4	✓	长方形	锦鲤吐珠	女儿墙上有花墙装饰,顶饰悬鱼包角蓝带	✓		民国	高四层	5775	天台女儿墙花墙带雨棚、女儿墙外出沿
	14	永安门老屋村炮楼	✓			2	✓	横长方形				✓	民国	高四层	2031	
合计			9	1	4	8	14	13	6	10	7	7				

表2

布吉街道炮楼分类比较表

所在街道	编号	名称	瓦坡顶 素瓦坡	瓦坡顶附件 射击孔	瓦坡顶附件 装饰	女儿墙	栏墙(花墙)	山墙	天台顶 统计	窗	射击孔	附件 排水口	附件 装饰	共存关系 单独炮楼	炮楼院	村(围)	年代	高度	总面积(m²)	备注
布吉街道	1	善集楼				√		√	2	√	横长方形、拱券形		山墙饰蝙蝠,山花悬鱼,恩鱼包角,涂红蓝彩,书"善集楼"		√		民国	高五层	220.5	四面山墙,四角望柱,顶带雨棚
	2	李屋炮楼				√			2	√	横长方形、拱券形	锦鲤吐珠	顶饰蓝带	√			民国	高四层	31	
	3	天兴楼				√			4	√	横长方形、拱券形	锦鲤吐珠	顶饰蓝带,悬鱼包角,书"天兴楼"			√	民国	高五层	384	
	4	布吉老圩村炮楼1				√				√						√	约1908前后	高六层	21600	
	5	布吉老圩村炮楼2				√				√						√	约1908前后	高六层	21600	
	6	布吉老圩村炮楼3				√				√						√	约1908前后	高三层	21600	
	7	布吉老圩村炮楼4				√			2	√						√	约1908前后	高五层	21600	
	8	布吉老圩村炮楼5					√			√						√	约1908前后	高五层	21600	
	9	布吉老圩村炮楼6	√	竖长方形	开拱券门											√	约1908前后	高三层	21600	
	10	甘坑炮楼院				√				√	竖长方形				√		民国	高四层	900	
	11	下水径老屋村炮楼				√			2	√	竖长方形	锦鲤吐珠				√	清末	高五层	2275	
	12	上水径老屋村炮楼				√			2	√	竖长方形	锦鲤吐珠				√	清末	高四层	2125	
	13	大芬炮楼院				√			4	√	竖长方形	锦鲤吐珠	顶饰悬鱼包角		√		1919	高四层	144	
	14	大芬老围炮楼1				√				√		锦鲤吐珠	顶饰红带		√		民国	高三层	386	女儿墙外出沿
	15	大芬老围炮楼2				√				√					√		民国	高两层	386	
	16	南门墩老屋村炮楼						√	4		横、竖长方形		顶饰山花悬鱼,悬鱼包角		√		民国	高四层	3250	拖屋有精美灰塑
	17	祥瑞楼								√							民国	高四层	212.5	弧形山墙,四角望柱,顶带雨棚
合计			1	1	1	13	1	2	8	15	8	6	6	1	6	9				

4. 大多数炮楼分布有射击孔，呈横或竖长方形分布。

5. 排水口均为锦鲤吐珠。

（三）坂田街道炮楼类型及特点

1. 不见瓦坡顶炮楼分布。

2. 天台顶类型中，女儿墙式与山墙式各占一半。

3. 均置铳斗设施，且四面均有分布，铳斗的装饰性大为加强。

4. 共存关系中，炮楼与村落的关系更为密切。

5. 射击孔的数量大为减少，一般仅在铳斗上有分布。

6. 坂田老屋村的排水口设施较为特殊，不同于一般通行的"锦鲤吐珠"，而似一龙头造型，应为瑞兽，目前仅发现此一实例。

7. 山墙或女儿墙的装饰一般为红、白彩带。

8. 最引人瞩目的是，在杨美炮楼和象角塘老屋村炮楼顶部均为卷弧形高山墙式带雨棚结构，这种结构本身就要求两侧山墙必须具有一定高度。杨美炮楼是两侧面为山花墙。而象角塘老屋村炮楼则四面均为山墙，样式稍有区别，两侧面为卷弧形高山墙式，前后面则将铳斗的位置抬升，铳斗的上半部分体量高于女儿墙呈凸字形，山墙两端均设有望柱。

表3　　　　　　　　　　　　坂田街道炮楼分类比较表

所在街道	编号	名称	天台顶							共存关系		年代	高度	总面积（m²）	备注
			女儿墙	山墙	附件					炮楼院	村（围）				
					铳斗	窗	射击孔	排水口	装饰						
坂田街道	1	坂田老屋村炮楼	√		4	√	竖长方形	瑞兽	顶饰蓝白相间带		√	清末	高四层	9000	
	2	就昌楼	√		4	√	横长方形	锦鲤吐珠	顶饰红带,书"就昌楼"	√		清末民国	高五层	180	
	3	象角塘老屋村炮楼1		√	4	√	拱券形		山墙成波浪形,饰望柱、红带		√	民国	高四层	3825	四面山墙
	4	象角塘老屋村炮楼2		√			圆形				√	民国	高四层	3825	顶层已拆,形制不明
	5	杨美炮楼院		√	4	√	仅铳斗有,竖长方形	锦鲤吐珠	山墙成波浪形,饰望柱、花草,红、白装饰	√		民国	高五层	189	高山墙,顶带雨棚,铳斗装饰性更强
合计			2	2	4	5	4	2	4	2	3				

（四）南湾街道炮楼类型及特点

1. 素瓦坡一座1/20；瓦坡顶加建女儿墙1座；其余均为天台顶类型。其中天台女儿墙13/19；天台山墙4/19。

2. 在天台顶类型中，铳斗的分布比较常见，数量达15/19; 有四面分布者，有对角分布者，是目前发现带铳斗炮楼最多的区域。

3. 除了瓦坡顶炮楼外，所有天台顶炮楼均分布射击孔，均为长方形，不见

表4 南湾街道炮楼分类比较表

所在街道	编号	名称	瓦坡顶					女儿墙	山墙	铳斗	窗	射击孔
			素瓦坡	瓦坡顶加女儿墙	附件							
					射击孔	装饰	窗					
南湾街道	1	南岭炮楼							√	4	√	竖长方形
	2	南岭炮楼院炮楼1						√		2	√	竖长方形、横长方形
	3	南岭炮楼院炮楼2	√			饰蓝带	√					
	4	俊千学校炮楼						√		1	√	横、竖长方形
	5	樟树布炮楼		√	横长方形	2铳斗,顶饰蓝白相间带	√					
	6	厦园炮楼							√	4	√	横长方形
	7	桂花学校炮楼						√		2	√	横长方形
	8	沙塘布炮楼						√		2	√	横长方形
	9	育德书楼							√	4	√	横长方形
	10	吉厦老屋村炮楼1						√		2	√	横长方形
	11	吉厦老屋村炮楼2							√	2	√	竖长方形
	12	丹竹头炮楼院1						√		2	√	横长方形
	13	丹竹头炮楼院2炮楼1						√		2	√	横长方形
	14	丹竹头炮楼院2炮楼2						√		2	√	横长方形
	15	丹竹头炮楼院3						√			√	横长方形
	16	竹头吓炮楼院						√		2	√	横长方形
	17	上李朗炮楼院						√			√	横、竖长方形
	18	下李朗炮楼院						√			√	
	19	田心围老屋村炮楼						√			√	竖长方形
	20	大斜埔老屋村炮楼						√		3	√	横、竖长方形
合计			1	1	1	2	2	13	4	14	18	17

其他形状。排水口均"锦鲤吐珠"。

4. 装饰中以悬鱼包角为主。

5. 共存关系中，炮楼院、排屋与炮楼的共存组合与村落组合相当。

6. 几种特殊的代表：南岭炮楼属四面山墙；樟树布炮楼顶部为瓦坡加建女儿墙，与南澳叶木桂炮楼屋顶类似，但没有加盖平顶。

（五）横岗街道炮楼类型及特点

1. 少见瓦坡顶，仅1座为瓦坡腰檐式。天台顶类型中又以女儿墙式为主，达14/18。山墙式2座，栏墙式1座。

2. 带铳斗的炮楼有4座，比例较低。

3. 排水口出现洪福齐天样式，大类仍为锦鲤吐珠。

天台顶			共存关系			年代	高度	总面积（m²）	备注
附件			单独炮楼	炮楼院	村(围)				
排水口	装饰								
锦鲤吐珠	摆钟花鸟、蝙蝠等图案			√		1942	高四层	210	四面山墙
				√		1920	高五层	1700	
				√		1920	高三层	1700	
	"俊千楼学校"		√			1927	高四层	35	
				√		民国	高五层	91	瓦坡顶加女儿墙栏墙
	山墙饰小型望柱、花草、红带			√		民国	高四层	220	
	顶饰蓝白相间带，悬鱼包角			√		民国	高四层	73.5	
				√		民国	高五层	30	顶带雨棚
锦鲤吐珠	山墙饰红带，书"育德书楼"，悬鱼包角		√			民国	高五层	31.2	
锦鲤吐珠	顶饰红带、悬鱼包角				√	清末	高四层	18400	天台女儿墙带腰檐
	山墙饰花草、菱形连续纹、涂红、白双色，下有蓝带悬鱼包角				√	民国	高三层	18400	
					√	民国	高四层	2000	
					√	民国	高五层	2700	天台女儿墙带腰檐
锦鲤吐珠	顶饰蓝带悬鱼包角				√	民国	高五层	2700	
	顶饰蓝带悬鱼包角				√	民国	高三层	1075	
锦鲤吐珠	顶饰蓝带悬鱼包角				√	1932	高五层	4875	
锦鲤吐珠	顶饰红蓝相间带			√		民国	高四层	250	
				√		民国	高三层	348.7	
					√	民国	高三层	2200	炮楼建于房屋中间
锦鲤吐珠	顶部饰蓝白相间带、红色悬鱼包角				√	清末	高五层	2250	
7	12		2	9	9				

4. 组合关系中以炮楼拖屋或炮楼院的组合形式较多。

（六）龙岗街道炮楼类型及特点

1. 共登记 31 座炮楼中，瓦坡顶炮楼 4 座，其中素瓦坡顶 1 座，瓦坡顶加建女儿墙 3 座。天台女儿墙式占 23 座，栏墙式、山墙式各占 1 座。其余不明。

2. 带铳斗者数量相对较少，只有 5 座。

3. 射击孔普遍存在，除了有长方形外，还出现有十字形、圆形等。

4. 共存关系中排屋或炮楼院组合者与村落组合者各占一半。村落组合中，客家围的数量较多。

5. 排水口出现了洪福齐天样式。

6. 出现一例特殊形制的炮楼，即：圳埔岭张氏炮楼，顶部为天台穹隆顶，

表5　横岗街道炮楼分类比较表

所在街道	编号	名称	瓦坡腰檐	射击孔(瓦坡)	窗(瓦坡)	女儿墙	栏墙(花墙)	山墙	统斗	窗(天台)	射击孔(天台)	排水口	装饰	炮楼院	枕(围)	年代	高度	总面积(m²)	备注
横岗街道	1	桐斌世居炮楼						√		√			山墙饰望柱，书"桐斌世居"，顶饰蓝红相间带		√	1927	高四层	1477	
	2	南州世居炮楼		横、竖长方形		√			2	√	横亚铃形、竖长方形、拱券形			√		民国	高五层	557	女儿墙外出沿
	3	上中老屋村炮楼			√									√		清代	高三层	296	青砖砌起
	4	大万围屋炮楼	√			√				√					√	清代	高四层	5060	
	5	七村炮楼院				√				√	横长方形		顶饰蓝红相间带	√		清末	高四层	471	
	6	西坑沙青坳炮楼院				√			2	√	横、竖长方形	洪福齐天(蝙蝠)	顶饰蓝红相间带	√		1899	高四层	384	
	7	屋角头老屋村炮楼				√			2	√	竖长方形	锦鲤吐珠	书"崇安楼"	√		1937	高五层	1064	
	8	东升围屋炮楼1				√				√	竖长方形、圆形		顶饰红白相间带，带窗罩		√	1899	高四层	3334	
	9	东升围屋炮楼2				√				√	竖长方形		顶饰蓝红相间带		√	1899	高四层	3334	
	10	西湖曾屋炮楼				√			2东北、西南	√	横、竖长方形		顶饰红白相间带		√	清末	高五层	538	
	11	坳一炮楼院				√				√	竖长方形	锦鲤吐珠	顶饰红白相间带	√		清末	高三层	495	
	12	荷坳炮楼				√				√	横长方形		顶饰蓝红相间带	√		清末	高四层	123.5	
	13	大福老屋村炮楼						√		√	横、竖长方形		顶饰蓝带		√	清代	高四层	3345	女儿墙外出沿
	14	塘坑炮楼				√				√	竖长方形		顶饰蓝带	√		清末	高三层	210	
	15	塘坑炮楼院				√				√	竖长方形		顶饰蓝带	√		民国	高三层	545	
	16	深坑炮楼院				√				√	横长方形	锦鲤吐珠		√		清末	高四层	232	
	17	埔吓炮楼院				√				√	竖长方形		顶饰蓝白相间带	√		清末	高两层	230	
	18	龙塘炮楼院					√			√	竖长方形	锦鲤吐珠	栏墙饰望柱，花草		√	民国	高四层	420	
合计			1	1	1	14	1	2	4	17	15	5	14	11	7				

颇具穆斯林风格。

（七）龙城街道炮楼类型及特点

1. 龙城街道是目前发现炮楼数量最多的街道。

2. 瓦坡顶炮楼数量增多，共登记有 8 座。在 53 座天台顶类型炮楼中，天台女儿墙的数量占绝大多数，栏墙式 1 座，山墙式 4 座。

3. 相对于炮楼数量较多，但带铳斗的炮楼数量很少，只有 7 座。

4. 射击孔以长方形为主，或横或竖布置。瓦坡顶炮楼大多带有射击孔。

5. 排水口均为锦鲤吐珠。

6. 顶部装饰以红色或蓝色彩带为主，极少见到悬鱼山花或悬鱼包角的装饰。

7. 共存关系中，炮楼拖屋或炮楼院与炮楼之村落组合者几乎各占一半，其中瓦坡顶炮楼基本都坐落在村落中。

（八）坪地街道炮楼类型及特点

1. 出现素瓦坡顶炮楼，与排屋共存。

2. 炮楼以天台女儿墙式为主，占 5/9；其余三个为天台山墙、栏墙混合式 3/9；素瓦坡顶仅一例 1/9。

3. 带铳斗炮楼仅坪西八群堂，铳斗位于山墙处；顶部灰塑蝙蝠，铳斗的装饰性较强。

4. 射击孔以横长方形者为主，仅二例为葫芦形（年丰邓氏炮楼、年丰骆氏炮楼）。

5. 顶部装饰以红色或蓝色彩带为主。

6. 排水口均为锦鲤吐珠。

7. 共存关系中以围屋或围村为主。

8. 八群堂 2 座炮楼的顶部均为栏墙山墙带雨棚式，两侧山墙较高，便于搭建雨棚。

9. 新桥世居的炮楼顶部为瓦坡顶加盖平顶女儿墙，外出沿。

（九）坪山街道炮楼类型及特点

1. 本区域内炮楼以瓦坡顶为主，占 21/27；天台女儿墙式占 6/27；瓦坡顶中又以瓦坡带腰檐式为多，占 16/21；素瓦坡顶占 5/21；天台顶均为女儿墙，不见混合式。

2. 射击孔以由横或竖式长方形与葫芦形组合为主，占了一半数量；炮楼高为 3—4 层。

3. 装饰中多见红带草尾、红山花等。

4. 天台顶炮楼的排水口均为锦鲤吐珠。

5. 共存关系中，瓦坡顶炮楼绝大多数为炮楼院或排屋，极少数与较大型村落共存；天台女儿墙式炮楼亦如此。

表6　　　　　　　　　　　　　　　　　　　　　　　　　　　　　　　　　龙岗街道炮楼分类比较表

所在街道	编号	名称	瓦坡顶					天台顶				
			素瓦坡	瓦坡顶加女儿墙	附件			女儿墙	栏墙（花墙）	山墙	附件	
					射击孔	装饰	窗				铳斗	窗
龙岗街道	1	张氏炮楼						√			4	√
	2	田心世居炮楼						√				√
	3	麻岭炮楼院						√				√
	4	邱屋老屋炮楼		√	横长方形		√					
	5	浪尾老屋炮楼1						√				√
	6	浪尾老屋炮楼2		√	横长方形	锦鲤吐珠排水口，顶饰红蓝相间带	√					
	7	汉田炮楼院										√
	8	马桥炮楼院						√			2	√
	9	云桥新居炮楼								√		√
	10	田丰世居炮楼		√	横长方形	顶饰蓝带	√					
	11	陈氏宗祠（仙人岭）炮楼						√			1	√
	12	新围世居炮楼1						√				√
	13	新围世居炮楼2						√				√
	14	龙岗老墟炮楼						√				√
	15	格水炮楼院炮楼1						√				√
	16	格水炮楼院炮楼2						√			4	√
	17	梅岗世居（斗方）炮楼						√				√
	18	瑞艳南天（大围村）炮楼1						√				√
	19	瑞艳南天（大围村）炮楼2						√				√
	20	兰二老屋村炮楼						√			4	√
	21	赤石岗老屋村炮楼1						√				√
	22	赤石岗老屋村炮楼2						√				√
	23	赤石岗炮楼院							√			√
	24	棠梓新居炮楼						√				√
	25	沙背坜炮楼院						√				√
	26	黄屋炮楼						√				√
	27	老大坑炮楼						√				√
	28	吓坑老屋村（2）炮楼										
	29	池屋炮楼院	√		横长方形		√					
	30	新布老屋村炮楼1						√				√
	31	新布老屋村炮楼2						√				√
合计			1	3	4		4	23	1	1	5	26

射击孔	排水口	装饰	共存关系		年代	高度	总面积（m²）	备注
			炮楼院	村（围）				
竖长方形		穹隆顶，四角望柱		√	1922	高五层	1230	
横、竖长方形				√	待定	高四层	800	
横、竖长方形		顶饰蓝带	√		民国	高四层	400	
				√	清代	高四层	4000	平顶女儿墙
横长方形	锦鲤吐珠	顶饰红蓝相间带	√		民国	高四层	452	
				√	民国	高四层	452	二元结构
横长方形				√	民国12年	高三层	4213	
横长方形	锦鲤吐珠	顶饰红蓝相交带	√		民国	高五层	231	
横长方形		四角有望柱	√		民国	高四层	351	顶带雨棚
				√	1662	高五层	12000	
十字形、横长方形	锦鲤吐珠	顶饰红蓝相间带		√	待定	高三层	490	
横长方形				√	待定	高四层	6200	
横长方形		顶饰蓝带		√	待定	高五层	6200	
横长方形				√	民国	高三层	36000	三街六巷
横长方形		顶饰红蓝相间带	√		民国	高四层	1200	墙外出沿
十字形、横长方形		顶饰蓝带	√		民国	高五层	1200	
横长方形		顶饰蓝带	√		民国	高五层	210	
横长方形	锦鲤吐珠	顶饰红蓝相间带，带窗罩	√		清代	高四层	300	墙外出沿
横长方形		顶饰红蓝相间带	√		清代	高四层	300	
十字形、圆形		顶饰红蓝相间带		√	民国	高四层	3600	顶带雨棚，女儿墙外出沿
横长方形		顶饰蓝带		√	待定	高四层	7150	
横长方形		顶饰蓝带		√	待定	高四层	7150	
横长方形		顶饰红蓝相间带，四瓣花栏墙，四角望柱	√		民国	高五层	1000	排屋饰西洋式浮雕
横长方形				√	清末	高四层	1467	女儿墙外出沿
横长方形	锦鲤吐珠	顶书："积善楼"，带窗罩	√		民国	高四层	379	顶带雨棚
横长方形	锦鲤吐珠	顶饰红蓝相间带	√		民国	高三层	300	
横长方形	锦鲤吐珠		√		民国	高四层	526	
					待定		7200	
			√					天台式改素瓦坡式
横长方形	锦鲤吐珠			√	待定	高三层	4600	
横长方形	锦鲤吐珠			√	待定	高三层	4600	
26	9	18	16	14				

表7 龙城街道炮楼分类比较表

所在街道	编号	名称	瓦坡顶						女儿墙	栏墙（花墙）	山墙	铳斗
			素瓦坡	瓦坡腰檐	瓦坡顶加女儿墙	附件						
						射击孔	装饰	窗				
龙城街道	1	□昇齐楼									√	4
	2	松元角老屋村炮楼							√			
	3	陈屋老屋村炮楼							√			
	4	振端堂炮楼							√			
	5	松子岭老屋村炮楼							√			
	6	务地埔老屋村炮楼	√				横长方形	√				
	7	陂头肚炮楼							√			
	8	陂头肚老屋村炮楼							√			
	9	玉湖炮楼院炮楼1							√			
	10	玉湖炮楼院炮楼2							√			
	11	白沙水炮楼烷（1）							√			
	12	白沙水炮楼院（2）								√		
	13	白沙水炮楼院（3）							√			
	14	白沙水炮楼院（4）							√			4
	15	新联炮楼							√			
	16	石溪炮楼院（1）炮楼1							√			
	17	石溪炮楼院（1）炮楼2	√				顶饰蓝带	√				
	18	石溪炮楼院（1）炮楼3			√		顶饰蓝红相间带	√				
	19	石溪炮楼院（1）炮楼4							√			
	20	石溪炮楼院（2）炮楼1							√			
	21	石溪炮楼院（2）炮楼2	√				横长方形	√				
	22	楼吓老屋村炮楼									√	
	23	楼吓炮楼院炮楼1									√	
	24	楼吓炮楼院炮楼2							√			
	25	楼吓炮楼院炮楼3							√			
	26	楼吓炮楼院（2）							√			1女儿墙正面
	27	楼吓老屋村（2）炮楼1							√			
	28	楼吓老屋村（2）炮楼2							√			
	29	李屋老屋村炮楼							√			
	30	对面岭老屋村炮楼1							√			
	31	对面岭老屋村炮楼2							√			
	32	对面岭老屋村炮楼3							√			

天台顶										
附件				共存关系			年代	高度	总面积（m²）	备注
窗	射击孔	排水口	装饰	单独炮楼	炮楼院	村（围）				
√	十字形	锦鲤吐珠	摆钟、望柱、花草、蓝带,书"□昇齐楼"		√		1932	高五层	674	
√	横长方形	洪福齐天（蝙蝠）	顶饰蓝带			√	清末民初	高四层	4178	
√	横长方形		顶饰蓝带		√		待定	高四层	996	
√	横长方形				√		民国	高四层	643	
√	横长方形					√	晚清	高四层	4706	
						√	清末	高三层	1990	
√	横长方形		顶饰蓝带		√		待定	高五层	270	
√	横长方形	锦鲤吐珠	顶饰红带			√	清末	高三层	4200	
√	横长方形		顶饰蓝红相间带		√		民国	高五层	630	
√	横长方形	锦鲤吐珠	顶饰蓝红相间带		√		民国	高五层	630	
√	横长方形				√		民国	高四层	795	
√	横长方形				√		民国	高四层	753	顶带雨棚,墙外出沿
√	横长方形	锦鲤吐珠	顶饰红带,书"新盛楼",带窗罩		√		1936	高四层	500	
√	横长方形、十字形		顶饰红带		√		民国	高五层	450	墙外出沿,墙上有密集枪弹孔
√	横、竖长方形		顶饰蓝红相间带		√		民国	高三层	132	
√	横、竖长方形、十字形	锦鲤吐珠	顶饰蓝带			√	1923	高四层	6050	女儿墙外出沿
						√	1923	高三层	6050	
						√	1923	高四层	6050	女儿墙外出沿,瓦坡顶被一墙分隔为二,形成双瓦坡顶
√	横长方形	鲤鱼吐珠	顶饰红带			√	1923	高四层	6050	女儿墙外出沿
√	横长方形		顶饰蓝带		√		民国	高四层	600	女儿墙外出沿
						√	民国	高三层	600	
√	横长方形		山墙饰望柱、花草			√	待定	高三层	5400	
√	横长方形		顶饰望柱、摆钟、花篮、双狮地球			√	民国		6000	顶带雨棚
√	横长方形		顶饰蓝带			√	民国	高五层	6000	女儿墙外出沿
√			顶饰蓝红相间带			√	民国	高五层	6000	
√	横长方形、十字形	锦鲤吐珠			√		民国	高四层	190	女儿墙外出沿
√	横长方形		顶饰红蓝相间带			√	待定	高四层	5225	顶带雨棚
√	横长方形	锦鲤吐珠	顶饰蓝带			√	待定	高三层	5225	
√	横长方形	锦鲤吐珠	顶饰蓝带			√	待定	高四层	855	
√	横长方形		顶饰蓝带			√	民国	高四层	2000	女儿墙外出沿
√	横长方形					√	民国	高四层	2000	女儿墙外出沿
√	横长方形		顶饰红带			√	民国	高四层	2000	女儿墙外出沿

续表7

所在街道	编号	名称	瓦坡顶						女儿墙	栏墙（花墙）	山墙	铳斗
			素瓦坡	瓦坡腰檐	瓦坡顶加女儿墙	附件						
						射击孔	装饰	窗				
龙城街道	33	对面岭老屋村炮楼4			√	横长方形		√				
	34	对面岭老屋村炮楼5							√			
	35	瓦窑坑老屋村炮楼	√			横长方形		√				
	36	瓦窑坑炮楼院							√			
	37	瓦窑坑炮楼院（2）炮楼1			√	横、竖长方形	书"得雲"，下部装饰与排屋一致	√				
	38	瓦窑坑炮楼院（2）炮楼2							√			
	39	朱古石炮楼院炮楼1		√		横长方形		√				
	40	朱古石炮楼院炮楼2							√			
	41	岭背坑老屋村炮楼							√			
	42	协平炮楼院炮楼1							√			
	43	协平炮楼院炮楼2							√			1女儿墙正面
	44	协平炮楼院（2）炮楼1							√			
	45	协平炮楼院（2）炮楼2							√			
	46	下寮炮楼							√			
	47	上寮老屋村炮楼							√			4
	48	吓四炮楼院炮楼1							√			
	49	吓四炮楼院炮楼2	√			横长方形		√				
	50	松元头炮楼院炮楼1							√			
	51	松元头炮楼院炮楼2	√			竖长方形		√				
	52	上角环炮楼院							√			
	53	老围老屋村（回龙埔）炮楼							√			
	54	斜吓炮楼院							√			2东南、西南居中
	55	岗贝老屋村炮楼							√			
	56	西埔新居炮楼1							√			
	57	西埔新居炮楼2									√	4
	58	岗贝老屋村（2）炮楼							√			
	59	太平老屋村炮楼1	√									
	60	太平老屋村炮楼2							√			
	61	太平炮楼院							√			
	62	田寮炮楼							√			
合计			7	1	3	8	3	10	46	1	4	7

天台顶										
附件				共存关系			年代	高度	总面积（m²）	备注
窗	射击孔	排水口	装饰	单独炮楼	炮楼院	村（围）				
						√	民国	高三层	2000	女儿墙外出沿
√						√	民国	高三层	2000	女儿墙外出沿
						√	1931	高两层	500	
√	横长方形	锦鲤吐珠	顶层窗凸出，余窗凹进		√		民国	高四层	200	
						√	1916	高四层	380	女儿墙外出沿，下带腰檐
√	横长方形	锦鲤吐珠	顶饰蓝红相间带		√		1916	高四层	380	女儿墙顶外出沿
						√	1937	高三层	2000	
√	横长方形		顶饰蓝红相间带			√	1937	高三层	2000	墙外出沿
√	横长方形		顶饰蓝红相间带			√	清代	高三层	5000	顶带雨棚
√	横长方形	锦鲤吐珠	顶饰蓝带		√		民国	高三层	550	
√	横长方形、十字形		饰摆钟		√		1932	高四层	550	子母楼，女儿墙出沿
√	横长方形				√		民国	高五层	230	水泥三合土
√	横长方形				√		民国	高三层	230	女儿墙出沿，水泥三合土
√	横长方形		顶饰红带，窗凹进	√			民国	高四层	40	拖一小屋
√	竖长方形	鲤鱼吐珠	顶饰蓝带			√	待定	高五层	3250	
√	横长方形					√	1931	高五层	5000	墙外出沿，顶带雨棚
						√	待定	高三层	5000	
√	横长方形		顶饰蓝带			√	民国	高四层	800	墙外出沿，顶带雨棚
						√	民国	高三层	800	
√	横长方形		顶饰蓝带，带窗罩			√	民国	高四层	2246	
√	横长方形		顶饰蓝带			√	民国	高四层	1366	房屋为伊斯兰风格，女儿墙外出沿
√	横长方形、十字形	锦鲤吐珠	顶饰蓝红相间带		√		民国	高四层	465	
√	横长方形	锦鲤吐珠	顶饰蓝红相间带			√	待定	高三层	4000	顶带雨棚
√	横长方形		顶饰蓝带			√	1928	高四层	4274	顶带雨棚，墙外出沿
√	竖长方形	锦鲤吐珠	山墙饰望柱，顶饰蓝红相间带			√	1928	高四层	4274	四面小弧形山墙，左右及顶端均有望柱，顶带雨棚
√	横长方形					√	民国	高四层	2084	
						√	清末	高三层	3500	
√	横、竖长方形		顶饰蓝带			√	清末	高三层	3500	西北角
√	横长方形	锦鲤吐珠	顶饰蓝带		√		民国	高四层	560	
√	横长方形	锦鲤吐珠	顶饰蓝红相间带，书"1931"		√		1931	高四层	144	女儿墙外出沿
51	49	19	40	1	25	36				

表8   坪地街道炮楼分类比较表

所在街道	编号	名称	瓦坡顶						女儿墙	栏墙（花
			素瓦坡	瓦坡顶加女儿墙	附件				
					射击孔	装饰	窗		
坪地街道	1	年丰骆氏炮楼院	√		横长方形、葫芦形		√		
	2	年丰邓氏炮楼						√	
	3	余氏围屋炮楼						√	
	4	坪西八群堂炮楼1							
	5	坪西八群堂炮楼2							
	6	坪西萧氏炮楼						√	
	7	新桥世居炮楼		√	横长方形	锦鲤吐珠，顶饰蓝带	√		
	8	香元萧氏炮楼院							
	9	六联萧氏炮楼						√	
合计			1	1	2	1	2	4	

（十）坑梓街道炮楼类型及特点

1. 瓦坡顶炮楼在数量上与天台式炮楼平分秋色，但瓦坡顶中大多为瓦坡腰檐式占5/11，瓦坡顶加建女儿墙1座，无素瓦坡式；天台顶中，天台女儿墙式为主占4/11，仅一例山墙式。

2. 射击孔的形状，以葫芦形和横长方形为主。

3. 本区域炮楼的装饰普遍比较简单，有红带、蓝带等，仅"尚南大道"山墙饰望柱、摆钟、五角、花瓶、兽等。

（十一）葵涌街道炮楼类型及特点

3座炮楼，其一为素瓦坡顶，与排屋共存。

其余2座为瓦坡锅耳山墙，前后加建女儿墙，女儿墙上又加建船形脊，两侧山墙呈锅耳形状。其中葵丰李氏炮楼又带一周腰檐，与新二村炮楼有所区别。射击孔除了长方形外，还有铜钱形状、圆形、葫芦形状。

（十二）大鹏街道炮楼类型及特点

登记的5座炮楼中，1座为素瓦坡，1座为子母楼（一瓦坡顶与一天台女儿墙炮楼连成一体）。其中值得一提的是子母楼（王母郭氏炮楼院），这种形制较为少见。目前类似结构的炮楼还有：协平炮楼院、沙垦廖氏炮楼。本区域炮楼一般都与排屋连在一起，属拖屋性质。

（十三）南澳街道炮楼类型及特点

沙岗村望楼，素瓦坡式，据张一兵博士考证，该炮楼是目前龙岗区年代最早的炮楼形式，年代至少在嘉庆24年以前（1819年）；

天台顶							共存关系		年代	高度	总面积（m²）	备注
山墙	混合式	附件					炮楼院	村（围）				
		铳斗	窗	射击孔	排水口	装饰						
							√		民国	高两层	160	
		√		葫芦形		顶饰红带		√	清代	高三层	608	女儿墙外出沿
		√		横长方形		顶饰红带		√	清代	高三层	2699	
√		√		横长方形		中西因素		√	1932	高五层	2080	
√	2	√		横长方形		中西因素		√	1932	高四层	2080	
		√		横长方形	锦鲤吐珠	顶饰蓝带	√		1931	高三层	20	女儿墙外出沿
								√	清代	高四层	2560	女儿墙外出沿
√		√		横长方形		顶饰红带	√		民国	高四层	360	
		√		横长方形	锦鲤吐珠	顶饰蓝带	√		1931	高四层	30	顶带雨棚
3	1	7		7		7	4	5				

新大叶木桂炮楼，保存现状为天台女儿墙带腰檐，但仔细考察发现炮楼顶部原为瓦坡顶，后在瓦坡顶上又加盖一层平顶，加建成天台女儿墙式。女儿墙较高，墙上又开花窗，置瓶形花栏。

第二节　区域特征及分布规律

基于本地区民系分布对历史上乃至目前行政区划的一定影响（参见第一章第二节历史沿革部分），通过分别对各街道辖区内现存炮楼的分类、梳理，我们仍然不难发现，就整个深圳东北部地区而言，炮楼建筑的分布亦具有较为明显的区域特征，结合民系分布，大体上可划分为四个建筑风格相对独立的片区。这里要说明的是民系的分布并不是泾渭分明、截然分开，而是呈现出几种不同的情况，即在传统广府（或客家）民系分布区，其个性特点相对突出，但在广客交界的地区其文化特征则表现出你中有我、我中有你的融合现象，或可称之为过渡地带。还有一种不容忽视的情况就是清代早期禁海迁界这一历史事件对于本地区民居建筑风格的影响，本属于土著宝安人生活居住了若干年的村落或者围村，受这一事件的影响，复界之后却被外来的客家人占据，似有雀占鸠巢之意，后经过不断的改造和改建，形成了较为复杂的民居建筑风格，须认真甄别。

（一）西部传统广府区：

包括平湖、布吉、坂田、南湾四个街道，共计56座炮楼。其中天台顶炮楼53座，占炮楼总数的96%，瓦坡顶炮楼仅3座。天台顶类型中天台女儿墙式37座，占绝大多数；带铳斗的炮楼数量较多，且多为顶层铳斗，有35座之多，占天台顶炮楼的63%，这个比例相当高；有悬鱼包角装饰的炮楼16座；顶带雨棚的炮楼

表9 　　　　　　　　　　　　　　　　　　　　　　　　　　　　坪山街道炮楼分类比较表

所在街道	编号	名称	瓦坡顶				
			素瓦坡	瓦坡腰檐	附件		
					射击孔	装饰	窗
坪山街道	1	石井何氏炮楼院		√	葫芦形、横长方形	红带草尾	√
	2	石井骆氏炮楼院		√	葫芦形		√
	3	石井黄氏炮楼院					
	4	竹坑骆氏炮楼院		√	横长方形	红山花,窗罩饰"洪福齐天"	√
	5	竹坑黄氏炮楼	√				√
	6	隆源（坪山曾氏炮楼院）炮楼1	√		圆形、葫芦型和长方形		√
	7	隆源（坪山曾氏炮楼院）炮楼2	√		竖长方形		√
	8	江岭曾氏炮楼院		√	葫芦形、横长方形、竖长方形	红带草尾	√
	9	香园世居炮楼		√	横长方形、竖长方形、葫芦形、方形	窗罩	√
	10	江岭沈氏炮楼		√	葫芦形、横长方形、竖长方形	红带草尾	√
	11	沙坣陈氏炮楼					
	12	沙坣廖氏炮楼院		√	葫芦形、横长方形	红带草尾	√
	13	沙坣陈氏炮楼排屋		√	葫芦形、横长方形、竖长方形	红山花	√
	14	坪环张氏炮楼院		√	葫芦形、横长方形		√
	15	碧岭廖氏炮楼院					
	16	六联黄氏炮楼院					
	17	丰田黄氏炮楼院		√	横长方形	红山花	√
	18	丰田黄氏炮楼		√	横长方形	红山花、窗罩	√
	19	坪环袁氏炮楼		√	横长方形、竖长方形、葫芦形		√
	20	汤坑林氏炮楼院		√	横长方形、竖长方形、葫芦形		√
	21	庆云居炮楼		√	横长方形、葫芦形		√
	22	汤坑李氏炮楼院	√		横长方形、竖长方形、葫芦形		√
	23	石楼世居炮楼					
	24	汤坑罗氏炮楼院	√				√
	25	坪环廖氏炮楼院		√	横长方形		√
	26	庚子首义旧址炮楼1		√	横长方形、葫芦形		√
	27	庚子首义旧址炮楼2					
合计			5	16	19	9	20

6座。从调查看，有悬鱼包角装饰的炮楼只分布在这个片区，其它片区则不见。
从年代上观察，布吉老墟镇的炮楼建筑年代可以到清末，总体看本片区统计的
有纪年可参考的炮楼年代整体上偏早，多在民国早期甚至更早。在炮楼所依存
的共存关系中，炮楼院和围村及村落各占一半左右，差别不是很明显。本片区
内历史上基本上以传统的广府系统宝安人为主，以平湖大围为代表的围村是其

| 女儿墙 | 天台顶 | | | | 共存关系 | | | 年代 | 高度 | 总面积(m²) | 备注 |
	窗	射击孔	排水口	装饰	单独炮楼	炮楼院	村(围)				
						√		清代	高三层	100	二元结构
						√		清代	高三层	150	
√	√	横长方形、葫芦形				√		民国	高三层	576	二元结构
						√		民国	高三层	180	
						√		民国	高三层	42	
						√		清代	高三层	1500	
						√		清代	高三层	1500	
						√		1923	高四层	372	二元结构
							√	清代	高三层	1500	二元结构
					√			民国	高四层	49	二元结构
√	√	横长方形	锦鲤吐珠		√			1935	高三层	77	
						√		清代晚期	高四层	198	
						√		民国	高四层	374	
					√			清代晚期	高三层	51	
√	√	竖长方形				√		清代晚期	高两层	140	
√	√	竖长方形	锦鲤吐珠			√		1943	高三层	72	
						√		1930	高四层	96	
						√		民国	高四层	56	
						√		民国	高三层	49	
						√		民国	高三层	90	
						√		民国	高三层	98	
						√		民国	高三层	160	
√	√	横长方形、竖长方形	鼋鱼				√	清代	高四层	780	瓦坡顶加建女儿墙
						√		民国	高三层	210	
						√		清代	高三层	220	二元结构
							√	清代	高三层	1144	
√	√	横长方形、竖长方形、葫芦形	锦鲤吐珠	顶饰红带			√	清代	高三层	1144	
6	6	6	4	1	3	20	4				

大本营。

（二）中部广府客家交融区：

包括横岗、龙岗、龙城、坪地四个街道，共计120座炮楼。天台顶类型104座，占炮楼总数的85%以上，其中天台女儿墙式88座，占绝大多数。带铳斗的

表10　　坑梓街道炮楼分类比较表

所在街道	编号	名称	瓦坡顶					女儿墙	山墙	窗
			瓦坡腰檐	瓦坡顶加女儿墙	附件					
					射击孔	装饰	窗			
坑梓街道	1	昌记号炮楼						√		√
	2	秀新黄氏炮楼院	√		横长方形	顶饰红带	√			
	3	秀新黄氏炮楼		√	横长方形	带窗罩、顶饰蓝带	√			
	4	秀新黄氏围屋炮楼1	√		葫芦形、横长方形		√			
	5	秀新黄氏围屋炮楼2	√		葫芦形、横长方形		√			
	6	黄氏霭庐炮楼						√		√
	7	龙田黄氏炮楼院	√			檐下饰红带		√		
	8	"尚南大道"炮楼院							√	√
	9	沙梨园南炮楼院						√		
	10	龙围世居炮楼院	√		横长方形	红山花	√			
	11	大窝炮楼						√		
合计			5	1	5	4	6	4	1	5

表11　　葵涌街道炮楼分类比较表

所在街道	编号	名称	瓦坡顶			
			素瓦坡	瓦坡锅耳山墙	附件	
					射击孔	装饰
葵涌街道	1	坝光蓝氏宅	√			檐下饰红带、瓦坡下饰蓝带、有
	2	新二村炮楼		√	铜钱形、圆形、葫芦形、竖长方形	
	3	葵丰李氏炮楼		√	竖长方形	檐下饰红带
合计			1	2	2	2

表12　　大鹏街道炮楼分类比较表

所在街道	编号	名称	瓦坡顶						女儿墙
			素瓦坡	瓦坡顶加女儿1墙	瓦坡锅耳山墙	附件			
						射击孔	装饰	窗	
大鹏街道	1	"天一涵虚"炮楼	√			竖长方形、葫芦形		√	
	2	王母叶氏炮楼院		√				√	
	3	水头詹氏炮楼							√
	4	王母郭氏炮楼院	√			竖长方形	顶饰红带	√	√
	5	王母陈氏炮楼			√		顶饰红带	√	
合计			2	1	1	2	2	4	2

天台顶			共存关系		年代	高度	总面积（m²）	备注
射击孔	排水口	装饰	单独炮楼	炮楼院				
葫芦形				√	1914	高二层	1500	
				√	清代晚期	高四层	161	
				√	1913	高四层	50	外墙上由上而下置方形排水管
				√	民国	高三层	308	
				√	1904–1905	高三层	308	
		带窗罩、顶饰灰塑		√	40年代	高四层	285	
				√	1895	高三层	132	
横长方形		山墙饰望柱、摆钟、五角星、花瓶、瑞兽，带窗罩		√	民国	高四层	250	
横长方形	锦鲤吐珠	顶饰红带		√	民国	高四层	250	
				√	民国	高四层	120	
横长方形		顶饰蓝带	√		清代	高三层	38.5	
4	1	4	1	10				

	共存关系			年代	高度	总面积（m²）	备注
窗	单独炮楼	炮楼院	村（围）				
√		√		民国	高三层	64	砖石加混凝土结构，一半为露台民居
√			√	民国	高三层	37	
√			√	民国	高四层	72	锅耳山墙带腰檐
3		1	2				

天台顶				共存关系		年代	高度	总面积（m²）	备注
栏墙（花墙）	窗	射击孔	装饰	单独炮楼	炮楼院				
			"天一涵虚"	√		清末	高四层	80	顶已塌
					√	1926	高三层	276	
	√		正面十字镂孔花砖女儿墙		√	民国	高两层	20	女儿墙带腰檐
	√	竖长方形	顶饰红带		√	1911	高三层	105	子母楼
					√	民国	高两层	21	天台山墙栏墙带腰檐
	2	1	3	1	4				

表13　　　　　　　　　　　　　　　　**南澳街道炮楼分类比较表**

所在街道	编号	名称	瓦坡顶							共存关系			年代	高度	总面积（m²）	备注
			素瓦坡	瓦坡腰檐	瓦坡顶加女儿墙	瓦坡锅耳山墙	附件			单独炮楼	炮楼院	村（围）				
							射击孔	装饰	窗							
南澳街道	1	新大叶木桂炮楼			√			女儿墙正中有栏墙装饰	√		√		民国	高三层	30	女儿墙外出沿
	2	沙岗村望楼	√						√			√	清代	高两层	35	
合计			1		1			1	2		1	1				

天台顶类型炮楼17座，仅占天台顶炮楼的15%，这个比例大为减少，且多为天台顶铳斗。瓦坡顶炮楼16座，比例有所增加。不见悬鱼包角装饰，顶带雨棚者13座，比例略有增加。横岗街道的沙背坜炮楼为天台女儿墙带铳斗，建成年代不晚于1899年，是有纪年可参考的年代最早的天台顶炮楼。其共存关系中炮楼院和围村及村落比例相当。本片区属于历史上广府人与客家人相互交流频繁密集的地区。从建筑特色上看，已形成你中有我、我中有你的民居特点。

（三）东部传统客家区：

包括坑梓、坪山两个街道，共计有炮楼38座。其中瓦坡顶炮楼27座，占了炮楼总数的71%，天台顶炮楼11座。本片区内瓦坡顶炮楼的分布较为集中是其一大特色。天台顶炮楼均为天台女儿墙式。龙田黄氏炮楼院属瓦坡腰檐式，建成年代不晚于1895年，是有纪年可参考的最早的瓦坡顶炮楼。其共存关系中炮楼院占绝大多数，达30座，仅坪山街道有4座是与围村共存。本片区历史上是客家人密集集聚的地区，因此形成了较为独特的客家民居特色。

（四）东南大鹏半岛区：

包括葵涌、大鹏、南澳三个街道，共计10座炮楼。本片区基本上属于大鹏半岛区，炮楼建筑以瓦坡顶为主，出现了瓦坡锅耳山墙，还有子母楼这一特殊类型。子母楼（郭氏炮楼院）的建成年代不晚于1911年。锅耳山墙的特点似乎与较早时期客家传统民居的角楼有关。

通过以上对各街道范围内的炮楼进行分类梳理之后，总体可以归纳出如下几点：

1. 天台顶炮楼数量大大多于瓦坡顶炮楼，且流行区域比较广泛。

2. 两种类型的炮楼其区域性特征非常明显。天台顶类型主要分布在中西部地区，瓦坡顶炮楼则较为集中分布于坪山、坑梓等街道，坪山街道尤为集中。大鹏半岛区域更为独特，为数不多的炮楼比较流行锅耳山墙。

分类总表

街道	天台式					瓦坡式				附件		
	女儿墙	花墙	栏墙	山墙	混合	素瓦坡式	瓦坡腰檐	瓦坡顶女儿墙	瓦坡锅耳山墙	铳斗	悬鱼	彩带
平湖街道	9	1			4					8	4	4
布吉街道	13		1	2		1				8	4	1
坂田街道	2			2						4		3
南湾街道	13			4		1		1		15	8	3
横岗街道	14		1	2			1			4		11
龙岗街道	23		1	1		1		3		5		18
龙城街道	47		1	4		7	1	1		7		40
坪地街道	4				3	1		1		1		6
坪山街道	6					5	16					1
坑梓街道	4			1			5	1				3
葵涌街道						1			2			1
大鹏街道	2					1		1	1			2
南澳街道						1		1				
合计	137	1	4	16	7	19	23	9	3	52	16	93

　　3. 天台顶中以女儿墙样式最为流行，应该属于本地区传统炮楼建筑的主流样式或传统样式。

　　4. 与铳斗和悬鱼纹样关系密切的山墙样式基本分布于龙岗及其以西的几个街道。

　　5. 彩带装饰是炮楼建筑最为流行的装饰纹样。

　　6. 大约在民国中晚期以来，炮楼建筑文化受西方文化因素影响颇深，出现了富于装饰和变化的山墙样式，从风格上体现出炮楼建筑早晚不同阶段的年代特征。

　　7. 与山墙样式的年代特征类似，铳斗和悬鱼纹样等因素同样具有年代指征意义。

第四章　分期断代及相关问题

我们将有明确纪年可资参考的炮楼实例列表如下：

序号	名称	年代	类别
1	龙田黄氏炮楼院	1895 年	瓦坡腰檐式
2	西坑沙背坳炮楼	1899 年	天台女儿墙带 2 铳斗
	东升围	1899 年	天台女儿墙式
3	秀新黄氏炮楼院	1904–1905 年	瓦坡腰檐式
4	布吉老圩村炮楼	1908 年	5 个天台女儿墙、1 个瓦坡顶
5	郭氏炮楼院（子母楼）	1911 年	一瓦坡顶，一瓦坡加建女儿墙
6	秀新黄氏炮楼	1913 年	瓦坡顶加建女儿墙
7	瓦窑坑得云楼（2）	1916 年	瓦坡顶加建女儿墙
8	大芬炮楼院	1919 年	天台女儿墙带 4 铳斗
9	南岭炮楼院	1920 年	天台女儿墙带 2 铳斗
10	张氏炮楼	1922 年	天台女儿墙四柱穹隆顶带 4 铳斗
11	江岭曾氏炮楼院	1923 年	瓦坡腰檐式
12	王母叶氏炮楼院	1926 年	瓦坡顶加建女儿墙
13	俊千学校	1927 年	天台女儿墙带 1 铳斗
	桐斌世居炮楼	1927 年	天台山墙式
14	西埔新居炮楼 -1	1928 年	天台女儿墙
	西埔新居炮楼 -2	1928 年	天台山墙带 4 铳斗
15	丰田黄氏炮楼院	1930 年	瓦坡腰檐式
16	瓦窑坑老屋村炮楼	1931 年	素瓦坡式
	田寮炮楼	1931 年	天台女儿墙
	吓四炮楼院	1931 年	天台女儿墙
	坪西萧氏炮楼	1931 年	天台女儿墙
17	竹头吓炮楼	1932 年	天台女儿墙带 2 铳斗
	协平炮楼院	1932 年	子母楼
	萧氏八群堂 -1	1932 年	天台山墙栏墙 2 对角铳斗
	萧氏八群堂 -2	1932 年	天台山墙栏墙 2 对面铳斗
	昇齐楼	1932 年	天台山墙式带 4 铳斗
18	沙壆陈氏炮楼	1935 年	瓦坡腰檐式
19	白沙水炮楼院（3）	1936 年	天台女儿墙
	璇庆新居	1936 年	天台山墙式
20	屋角头老屋村炮楼	1937 年	天台女儿墙带 2 铳斗
	朱古石炮楼院（1）	1937 年	瓦坡腰檐式
	朱古石炮楼院（2）	1937 年	天台女儿墙式
21	南岭炮楼	1942 年	天台山墙带 4 铳斗

第一节　瓦坡顶与天台顶的年代特征

炮楼的年代问题既涉及炮楼本身的传统演变和文化渊源，又受到外来文化因素的影响，比如最晚到民国中期，炮楼建筑受西方文化因素的影响比较普遍。

从记录的情况看，横岗西坑沙背坳炮楼的建成年代不晚于 1899 年，是目前可确证的年代较早的天台女儿墙式炮楼。其排水口为洪福齐天样式（蝙蝠形），同样样式的排水口，仅在龙岗松元角老屋村炮楼上有发现，松元角老屋村的始建年代应该更早于该炮楼。

据张一兵博士研究，本地区年代最早的瓦坡顶炮楼当属南澳沙岗村望楼，始建年代大约在嘉庆 24 年以前（1819 年）（参见《深圳炮楼调查与研究》深圳市考古鉴定所编）。

目前已发现有明确纪年或檐口壁画题记可资参考的炮楼数量总计不到 40 座，我们以 1911 年为界，分早、晚两段。

早段，1911 年之前，即清末，共发现有纪年可参考的炮楼 11 座。

瓦坡顶 4 座，其中素瓦坡 1 座；子母楼 1 座；瓦坡腰檐 2 座。

天台顶 7 座，均为天台女儿墙，个别带有铳斗。

总体来看，瓦坡顶数量为天台顶数量之一半；素瓦坡顶与瓦坡腰檐各占瓦坡顶的一半；天台顶均为女儿墙样式；出现了子母楼这种特殊结构的炮楼建筑。

晚段，1911 年以后，即民国时期，炮楼数量为 28 座。本阶段根据铳斗的发展变化又可分早晚两期（即分别以顶层铳斗、天台铳斗为代表，见下述），年代上大体以 1930 年代为界，即：民国早期，民国晚期。

瓦坡顶 8 座，其中瓦坡加建女儿墙者 3 座，瓦坡腰檐式 4 座，素瓦坡顶 1 座。

天台顶 20 座，其中天台女儿墙 11 座，山墙样式 7 座，穹隆顶 1 座，子母楼 1 座。

总体来看，瓦坡顶所占比例减少；天台顶占大多数；天台女儿墙样式仍为主流样式；山墙样式出现，带铳斗者比例增加。

第二节　铳斗的年代特征及指征意义

除了对炮楼的顶部结构变化进行年代特征的初步观察外，我们还注意到铳斗这种防御性掩体设施，在炮楼的演变过程中，同样具有年代指征意义。因此我们认为，在炮楼研究中，铳斗并不适合作为类型划分的依据，而将其作为年代递进或演变的指征性构件之一则更具说服力。

从记录的数据观察，有年代可资参考的带铳斗炮楼有 13 座，其中 6 座为顶层铳斗；7 座为天台铳斗，其中一座为子母楼带铳斗，山墙向前式，彩带位置设一铳斗，也应该归入天台铳斗。根据铳斗分布的位置，大体可分为两种情况：

第一、顶层铳斗

此类铳斗位于炮楼的顶层外墙面，呈对角或四面分布。按年代辑录如下：

（1）沙背坳炮楼，天台女儿墙，对角分布 2 个，1899 年

（2）大芬炮楼院，天台女儿墙，四面分布 4 个，1919 年

（3）南岭炮楼院，天台女儿墙，对角分布 2 个，1920 年

（4）张氏炮楼院，天台女儿墙加穹隆顶，4 个，1922 年

（5）"俊千学校"，天台女儿墙，角边分布 1 个，1927 年

（6）竹头吓炮楼，天台女儿墙，对角分布 2 个，1932 年

从以上可以看出如下特点：全部为天台女儿墙样式，呈对角分布者居多，年代均偏早，约在清末至民国早期。铳斗横截面呈扁长方形、半圆形、五边形等多种形状。

第二、天台铳斗

此类铳斗位于天台女儿墙的沿部彩带位置或山墙位置。比顶层铳斗位置高，有的铳斗因高出女儿墙部位而形成装饰华丽的山墙样式。按年代早晚辑录如下：

（1）西埔新居，天台四面山墙，四面分布 4 个，1928 年

（2）□昇齐楼，天台四面山墙，四面分布 4 个，1932 年

（3）萧氏八群堂 -1，天台山墙栏墙，对角分布 2 铳斗，1932 年

（4）萧氏八群堂 -2，天台山墙栏墙，对面分布 2 铳斗，1932 年

（5）协平炮楼院子母楼，子楼山墙向前，彩带位置分布 1 个，1932 年

（6）屋角头炮楼，天台女儿墙，对角分布 2 个，　1937 年

（7）南岭炮楼，天台四面山墙，四面分布 4 个，1942 年

在天台铳斗实例中，天台山墙样式占绝大多数，也正因为天台铳斗与山墙的紧密结合，才使得铳斗的装饰性大大加强，铳斗上饰以各种图案，有各式摆钟、花篮、洪福齐天等等。凡具有较强装饰性的铳斗大都属于此类样式。铳斗横截面呈扁长方形、五边形等多种形状。

统计结果表明，此类铳斗的年代都比较晚，多属于民国中晚期作品，而且此类装饰风格明显受到西方文化因素的影响。

第三节　特殊形制的炮楼

除了在本章第一节中所描述的两大类别炮楼及其基本形制外，调查中我们还发现了一些造型比较特殊的炮楼。具体如下：

1. 外收分式　此形制炮楼仅一例，即平湖街道的新围仔炮楼，炮楼正面朝东北。通面阔 28 米，进深 10.4 米，建筑占地面积 291.2 平方米，民国时期建筑。现存一炮楼拖一排屋。炮楼位于左侧，高五层，平面呈方形，顶层四面居中设铳斗，顶饰蓝带悬鱼包角。炮楼从底层往上每层缩进约 20 厘米，为天台女儿墙外收分式。拖屋为六开间单间一进，脊饰博古，均用三合土夯筑而成，硬山顶，覆小青瓦。

2. 天台雨棚式　此类炮楼从形制上来讲，属于天台顶炮楼的一种特殊形制。即在天台上充分利用山花墙搭建出两面坡雨棚样式的建筑。它最大的特点就是高山墙，山墙多为两侧山墙，有一例四面山墙。在本区域内目前发现登记的天

台雨棚式有 9 座，其中 8 座为高山墙式（1. 平湖石井头炮楼；2. 布吉善集楼；3. 布吉祥瑞楼；4. 坂田杨美炮楼院；5. 坂田象角塘老屋村炮楼；6. 龙岗云桥新居；7. 龙城楼吓炮楼院；8. 坪地萧氏八群堂），仅一座为女儿墙花墙样式（平湖街道前进炮楼院）。

3. 瓦坡顶带女儿墙式　此类炮楼应属于瓦坡顶类型的特殊形制。顶部为瓦坡顶，但瓦坡周遭为女儿墙包围，在外面只见女儿墙而看不到瓦顶，瓦坡结构遮掩在女儿墙之内，属于一次性建造而成。但有个别的女儿墙属于后期受其影响改建加建。目前发现并登记的共有 9 座（1. 龙岗浪尾老屋村炮楼；2. 龙岗田丰世居炮楼；3. 龙岗邱屋老屋村炮楼；4. 龙城对面岭老屋村炮楼；5. 坪地新桥世居炮楼；6. 坑梓秀新黄氏炮楼；7. 南湾樟树布炮楼；8. 大鹏王母叶氏炮楼；9. 南澳新大叶木桂炮楼）。

4. 穹隆顶式　圳埔岭张氏炮楼，位于龙岗街道南联社区圳埔岭，建造年代约 1922 年。正面朝南，面阔 42.5 米，进深 40 米，建筑占地面积约 1230 平方米。由一炮楼带两排齐头排屋组成炮楼院。炮楼高五层，四面开瞭望窗，顶部呈穹隆顶，四周开有射击孔。此类型炮楼在龙岗地区较为罕见，表现出浓郁的伊斯兰风格。

5. 子母楼　即两座炮楼连在一起共用一墙，形成一大一小或相同体量的炮楼整体。发现有 3 座：

沙垦廖氏炮楼院　位于坪山街道沙垦社区清草林居民小组清草村 17 号，朝南偏东 15°，清代时期建筑，面阔 18 米，进深 11 米，建筑占地面积 198 平方米，由一座天井院落带一座炮楼组成，主炮楼高四层，砖木结构，瓦坡腰檐式；主炮楼前为一小炮楼，是在一层前廊顶部加建女儿墙，并开有射击孔形成小炮楼样式，与主炮楼共同构成子母楼。

王母郭氏炮楼院　位于大鹏街道王母社区王母围村 52 号，朝南偏西 35°，面阔 10 米，进深 10.5 米，建筑面积 105 平方米，由一座连体炮楼加一天井院落式结构组成，砖木结构，灰瓦顶；炮楼高三层，其中主炮楼为素瓦坡式加建天台女儿墙式，墙上有长方形石枪眼，楼顶四周有女儿墙，并留有出水口。主炮楼前面有一座素瓦坡顶炮楼，前出檐，山面饰红色彩带。据壁画题记可知郭氏炮楼院建成年代不晚于 1911 年。

协平炮楼院　位于龙城街道五联社区协平村，坐西北朝东南，面阔 54 米，进深 16 米，建筑占地面积 864 平方米。炮楼主楼高四层，平面呈方形，天台女儿墙方筒式，四面开窗。前廊屋顶加建栏墙，形成子炮楼，栏墙饰摆钟，东南面设铳斗，开十字形枪眼口。拖屋七开间，齐头三间两廊，檐墙饰山水、人物壁画，脊饰博古。据壁画题记可知其建成年代不晚于 1932 年。

第四节　相关问题

1. 铳斗的区域特征

在龙岗街道以西的范围内，在部分天台顶炮楼中，其接近于顶部的位置，常常设置一种防御性极强的射击掩体设施，这种设施就是铳斗。其横剖面形状大体为扁长方形、圆弧形、多边形。分布位置大体在炮楼的女儿墙四周边或两侧边，甚至在炮楼的对角位置。数量不等，有 4 个、2 个者，甚至有 1 个者。根据分布位置可分为顶层铳斗、天台铳斗。目前，只在平湖、布吉、坂田、南湾、横岗、龙岗、龙城等 7 个街道范围内有发现。坪地街道仅萧氏八群堂一例。基本可以看出它自西向东分布越来越稀疏、数量越来越少。坪山街道及以东范围不见。

从造型和装饰看，西部地区靠近宝安区观澜的区域内，铳斗造型装饰性极强，且有西洋风格因素掺杂在内。数量上也以四周设置 4 个铳斗为主。越往东数量越少，分布越稀疏。据观察，这一区域在共存关系为炮楼拖屋或炮楼院式的组合中，炮楼多带有铳斗，且四边均有设置；相反，分布在较大型村落中的炮楼，大多数没有铳斗；个别有铳斗者，也仅在对角位置设置 2 个。

横岗西坑的沙背坜炮楼，据其檐口壁画题记可知，建成年代至少不晚于 1899 年，属于年代比较早的炮楼。而其排水口造型更具特色，为两只蝙蝠，寓意洪福齐天。炮楼排水口造型为洪福齐天式的在龙岗区内目前只出现 2 座，还有 1 座是龙岗松元角老屋村炮楼，其年代更早或至少相当，在清代晚期。本章第二节中关于铳斗的年代特征及指征意义已有专条陈述。总之，铳斗作为炮楼建筑的附件不仅仅具有年代特征，同时还具有较为明显的区域特征。

2. "悬鱼包角"的分布

在平湖、布吉、南湾三街道的部分天台顶炮楼上，与个性多样化且装饰性极强的铳斗相对应，在炮楼顶部的彩带装饰图案中有一种彩带悬鱼，以蓝色为多。大多数彩带悬鱼分布于炮楼的四角位置，形成悬鱼包角。也有个别的悬鱼分布在山墙或女儿墙中间位置。悬鱼图案与铳斗的关系极为密切，有悬鱼者多有铳斗。

悬鱼包角或悬鱼山花在龙岗中部及以东其他街道尚无实例。其分布必与西部地区的铳斗有密切关系。但影响范围不如铳斗广泛。

3. 瓦坡顶炮楼的二元结构问题

一般来讲，炮楼在平面结构上以一正方形或长方形为一个单元，但在坑梓、坪山两个街道，有部分炮楼在平面布局上把正方形或长方形又一分为二，在内部形成两个单元结构，两单元之间有间隔墙直通炮楼顶部，顶部为瓦坡顶。此类炮楼在外观上表现的体量较大，窗户一般为由上而下呈两排分布。实例有坪山街道的石井黄氏炮楼院、江岭曾氏炮楼院、江岭沈氏炮楼、坪环廖氏炮楼院、香园世居；坑梓街道的昌记号、秀新黄氏炮楼、秀新黄氏围屋、黄氏霭庐、龙围世居炮楼。

二元结构问题同样表现出明显的地域特征。

4. 瓦坡锅耳山墙

瓦坡锅耳山墙式炮楼共发现三座：大鹏王母陈氏炮楼、葵涌新二村炮楼、葵丰李氏炮楼。其结构特点为在瓦坡顶的两侧加建锅耳山墙，前后加建女儿墙。新二村和葵丰炮楼女儿墙上又有船形脊，李氏炮楼还带有腰檐。此类炮楼只在大鹏半岛有分布。但锅耳来源又与中部地区典型的客家围屋之角楼样式不无关系。

后 记

　　深圳市考古鉴定所张一兵博士编著的《深圳炮楼调查与研究》，引起了学界对深圳地区炮楼这一类民居建筑的关注，他在论著中对炮楼建筑从命名、分类、演变，分期、分区，以及文化传承与渊源等进行了较为详细的论述。本报告的立足点就是资料性，有照片、线图，力求资料丰富、翔实。同时，在公布资料的基础上，提出相关问题，但限于篇幅并没有逐题展开讨论。

　　本报告是集体劳动的成果。自 2008 年 2 月至 2009 年底，三普野外登记工作基本结束，王颖、温雅惠根据三普原始登记表对普查登记的炮楼建筑资料进行分类收集和初步整理；2010 年下半年，杨荣昌、陈武远、温雅惠、王颖一起对保存较好的一百余座炮楼建筑进行拍照和后期整理；张一兵博士对本报告采用照片进行初审，诚表谢意；线图由张一兵、王相峰、秦光政共同绘制。

　　本课题由杨荣昌主持并执笔，同时负责对照片、线图审核定稿。

　　张月娥为普查后勤保障工作付出了辛勤的劳动。

　　深圳市文管办、大鹏古城博物馆、龙岗客家民俗博物馆、坪山东江纵队纪念馆、各街道文体服务中心同仁为龙岗区第三次全国文物普查工作付出了辛勤劳动。李海荣博士对本报告的编写体例提出了指导性意见，文物出版社对本报告的出版给予了大力支持，在此一并致谢。

　　最后，要特别感谢深圳市龙岗区文体旅游局对研究和保护客家民居这一重要课题给予高度重视和大力支持，本书是该局"十百千工程"支助项目成果。

参考资料

深圳市考古鉴定所：《深圳咸头岭——2006 年发掘报告》，文物出版社，2011 年。

深圳市宝安区档案局、深圳市宝安区史志办公室：《康熙新安县志校注》、《嘉庆新安县志校注》，中国大百科全书出版社，2006 年。

广州地理研究所：《深圳自然资源与经济开发》，广东科技出版社，1986 年。

黄镇国等：《深圳地貌》，广东科技出版社，1983 年。

王若兵主编：《深圳市水务志》，海天出版社，2001 年。

管林根主编：《客家与龙岗》，花城出版社，2002 年。

深圳市考古鉴定所：《深圳炮楼调查与研究》，知识出版社，2008 年。